女人是一场修炼

尹岩 著

中国青年出版社

图书在版编目（CIP）数据

女人是一场修炼 / 尹岩著. --北京：中国青年出
版社，2017. 8
ISBN：978-7-5153-4905-3

I. ①女… II. ①尹… III. ①尹岩－自传　IV.
①K828. 5

中国版本图书馆CIP数据核字（2017）第217701号

女人是一场修炼

作　　者：尹　岩
责任编辑：李璐依　吕　娜

出版发行：中国青年出版社
经　　销：新华书店
印　　刷：北京科信印刷有限公司
开　　本：710×1000 1/16 开
版　　次：2018年1月北京第1版　2018年6月北京第2次印刷
印　　张：18
字　　数：167千字
定　　价：59.00元
中国青年出版社 网址：www.cyp.com.cn
地址：北京市东城区东四12条21号
电话：010-57350346（编辑部）；010-57350370（门市）

平静从我开始……

给最爱的天使

笛笛　箫箫　磬磬

目　录

　　身为北大人，是我的自豪，也是我此生最受激励的头衔。四年的北大生活，成就了一腔热血，延续在一步步的事业进取中。它不仅是一个学历，更是一个品格。一种做人需要有的抱负、激情以及与社会的关系。"我必须去承载这种角色。"这是一种北大期间熏染的激情、年轻时的轻狂、成熟后当仁不让的担当。

　　回想电影学院的求学生活，与其说我在求学，不如说我在进一步生活化自己，让思维更加活跃，态度更加自我。从学业精进上讲，那时的我没有刻苦钻研的态度，而是自然生活着直到硕士毕业，享受着"学电影"的生活方式直到我深陷迷茫……大卫·里恩的《印度之行》中"印度让你面对你自己"的独白不断回闪在心中，我明白电影学院的学习深深沉入我的心底，以另一种方式伴随我的未来。

　　法国对我来讲是一个拿文凭、学求生、重新理牌再向前走的过程，也是我人生阶段中最重要的经历之一。如果说北大的生活是在我人生际遇中撒下一些种子，那么在法国，我真正独立的人生才开始。巴黎是我人生真正入世的前奏，经历了所有挑战和不认可，再去反省去重新获得认可，这是巴黎给我的成长方式。

我是一个目的性很强的人，一旦目标确认，我是一定要完成的。外表上，我浪漫多情，柔和无为；事业上，我其实很理性，忍辱负重。让我在事业上第一次对自己有明确定位是在法国。我不是一个艺术家，但我是一个文化事业非常出色的人才，我具有对艺术对文化的领悟力和诠释力，与文化人艺术家的沟通能力，同时我有运作项目的能力和激情。所以，无论以后的事业涉及什么样的领域，我都围绕文化项目这个轴心，相信这里永远会是我的核心竞争力。

我一向认为，真正的时尚与金钱无关。真正的时尚应该是"道"。它是血液里的精神，是对世界的另一个看法，是在时代趋势中的行为，这里面有生活方式、生命态度和对生命的追求。

时光荏苒，身边好像发生了很大变化，做了很多事偶尔也错过一些，见过很多人大部分都擦肩而过，但某个凌晨或深夜，面对那个抖落尘埃的自己，恍惚间有生命轮回，不增不减的幻觉。我无法得知这种感觉是不是生命给我的不悲不喜、不卑不亢的馈赠，我只知道，唯有这样的时刻，才有机会清晰地看见内心的自己，自在的、喜悦的自己。常常怀念第一次被这种意识撞击的时刻——这辈子第一次去印度。我在瑞诗凯诗真正感应到，那时候的"天"真的和我在一起。此行，把瑜伽嵌进了我的余生。

骨子里，我是一个不满足于独善其身的人。做人做事，我从来就不会仅仅是自得其乐，获得共鸣才有无穷动力。我事业中的关键词是作为与意义。作为，自己的发挥，自己的成就；意义，社会的分享与影响力。瑜伽，是一个艰难的事业，相对于自己热爱的电影而言，它是一个最具有作为与意义的事业。能够将自身切肤的喜悦经验传播出去，提供一个思路和平台，让每一个进取的当代人也能像我一样重拾生命的快乐，是我今生的福分。我愿意为之奋斗。

与悠季瑜伽一路相伴，我获得很多意外，有感恩和老天的眷顾，不过这只是冰山一角，接下来，更多的是不可思议、沮丧和委屈。理想和现实的巨大差距是要在每个日子里靠反思和调整去填补的。从一个文人到一个企业家好像一个心理上的长征之路，自己和企业都得到了很好的历练和成长。但是，那时那刻，你要做好告别驾轻就熟的从容，放下所有的骄傲和自信，从零开始的准备，因为抱负、挑战、混乱、危机及心力交瘁都会不容分说地混在一起，向你飞去……

瑜伽让我明白，无论发生什么事情，都有它存在的道理。八年的磨砺，无论是以正向方式还是负向方式，将我从一个骄傲独断的人变得平等和宽容。从事业上延续到生活上，这些都是企业经营的具象收获之外的成长收获。企业中遇到很多磨难，这些磨难都是来修改自己的。遇到了，不要抗拒，不要怨天尤人，面对它。面对了，跨过去了，你真的会感激这些磨难。

　　为人母，真正是上苍赐给女人最好的礼物。无论这个小生命是我们梦想的达成，还是不期而至，那丝丝欣悦，缕缕爱意，都会随着渐渐隆起的小腹而滋长、焕发。在这个孕育的过程中，我们的力量不断强大，我们的心智不断成熟，我们的生命不断完美。什么能够比得上拥有一个生命去焕发另一个生命的幸运。

　　我"成功"，并不是我没有苦难，而是我不接受苦难，我要跃过苦难，穿越失败，达成目的。所有的"成功"和幸运都是自己创造的，每个人都有机会，你有你的方式去幸运和"成功"，因为幸运和成功没有任何模式。但是，快乐的感受是相同的。快乐在自己身上，而且是"你的"快乐。快乐从来都是自己的，跟别人无关。走自己的路，寻找自己的幸福，不用比较，不可复制，不可剥夺。

　　放任心思，无限的飘，载着我快乐妄想；
　　翻过重山，掠过海洋，我世界没有框框。
　　……
　　漫步云端，
　　在靠近太阳的地方住下，
　　不染俗事喧嚣，
　　真正的自由自在！

再版序　在靠近太阳的地方住下

五月，在笛笛赴美留学四年之后，我来到杜克大学，参加笛笛的毕业典礼。当身穿黑色毕业披风的笛笛随着数千名杜克大学毕业学子列队踏入教堂时，我的眼睛潮湿了。我的笛笛是如此的庄严，意气勃发。在毕业晚会上，美丽的笛笛像一只蝴蝶，在同学中穿梭，翩翩起落，沉浸在四年的友谊中。我在一旁看着她在一尺之遥绽放，心里竟百感交集与不舍，希望画面不再继续，定格在这个青春物语中。画面里，有这个小笛笛快乐的灿烂的身影。

《女人是一场修炼》再版了。这本书也像是我生命的一个定格。画面里，那个尹岩带着潜底的柔软，溅放的激情，心智仍懵懂，却意志坚定，恪守着对生命的追求。纵使今天重阅这15万字，我有几许冲动去调整曾经的见地，但我还是刻意不再触碰。因为正如在初版后记中写的：生命中的每一步都构成了一个个的"明天"，万点成线延至今天，没有遗憾，却有诸多感慨。而接踵而至的每一个"明天"，又会不断地更新今天文字中的人与事和思想，继续延伸下去。也许，没有任何一个时间可以成为我们自传的结点，但回忆自己却

是一个美好的过程。就让它成为我生命片段的定格吧。

在随后的画面中，我仍在恪守，并日渐清晰。我明白了人生还有更加重要的功课需要我们精进修行。儿时的教育成年后的事业，都是生命中的一个"实业"存在，还有另外一个更加重要的"虚业"存在。曾经的迷失，后来的寻求，都是对它的呼唤。这个"虚业"无限并富有意义。

五年过去了，今天，悠季瑜伽稳步进入它的发展期，北上广的独立校区，遍布大江南北的悠季瑜伽会馆联盟，更有与中青社悠季丛书瑜伽书籍战略合作，与北京大学高校瑜伽人才及科研项目战略合作……不争的成绩却与曾经的拼搏有质的区别。因为，名利得失已经不再是我的终点目的，践行初心，行愿利他，才是一切目的之地。

2003 年印度之行，在简单的 7 天习练中，懵懵懂懂感知自己的苏醒。世界因此而阳光和美好。那时我是一个瑜伽初习者。惊喜于这个体悟，我邀请默瀚老师共同创办悠季瑜伽，只有一个心愿，分享来自印度的纯粹瑜伽，让如我一样的都市人生活在阳光中。带着这个初心耕耘，14 年时光流转，在这条路上，我遇到 O·P·缇瓦瑞大师，他如师如父般教诲我们，并以他的仁慈、包容，鼓励我们，以不可妥协的、遵循传统的态度影响我们在这个时代的瑜伽之路上不离经纬前行；在这条路上，我亲近上师得以亲自佛法，让我遥望到日常生活之上的生命的庄严；在这条路上，我聆听先生儒释道贯通的先哲智慧，让我洞悟天道不是遥不可及，而是人人皆可尧舜。

今天，我终于明白，2003 年印度之行的苏醒，一路走来生命的觉悟，都是因为，遇到瑜伽。瑜伽是一个生命体系的事业，一个回归自然，回归天道，回归生命本质的事业。能够有幸进入这个使命，服务与它是无以言表的福报。也正是因此，我饱含敬畏之心，如履薄冰，在现实中，全力以赴，无论是瑜伽教育，瑜伽会馆，瑜伽出版，等等，同时每时每刻自省这些物质世界的方便没有违背这个事业的本质。

感恩瑜伽，给予我与更高智慧的连结，打开生命的通道，得以先祖之智慧，明白外在事功，内在明德，止于至善；得以佛陀的沐浴，明白生命之广袤与圆满。

借此机会，感恩在这条路上遇到的每一个人，因为你们，悠季瑜伽和我本人"苟日新，日日新，又日新，去腐存真，还原生命。"

愿世界和平，人类幸福，生命圆满。

放任心思，无限的飘，载着我快乐妄想；
翻过重山，掠过海洋，我世界没有框框。
······

漫步云端，
在靠近太阳的地方住下，
不染俗事喧嚣，
真正的自由自在！

赫赫伊尹，
维石岩岩。
无不足好，
大道在学。

第一章

此间的少年——北大生涯

1981 年，17 岁的
北京大学西语系女生。

身为北大人，是我的自豪，也是我此生最受激励的头衔。四年的北大生活，成就了一腔热血，延续在一步步的事业进取中。它不仅是一个学历，更是一个品格。一种做人需要有的抱负、激情以及与社会的关系。"我必须去承载这种角色。"这是一种北大期间熏染的激情、年轻时的轻狂、成熟后当仁不让的担当。

尹家有女初长成

我出生于20世纪60年代。在我还懵然不懂事的时候，父母身边发生了很多令他们心痛但又无奈只能接受的事情。但一切仍然不能阻止我降临到这个世上。我的准确出生地是国家计委大院。我在这里读幼儿园、上小学，每天从这里走出去，读中学，又在这里举着北大的录取通知书欢快地冲向家里报告喜讯，再从这里告别父母去法国求学……终于有一天，穿着白色旗袍，登上红旗轿车去往我的婚礼。计委大院把我送进了另一种生活。

我的爸爸妈妈是新中国第一批风华正茂的年轻干部。妈妈曾任北京学联副主席，18岁的时候在中南海与胡耀邦、蔡畅和廖承志一起代表人民团体向毛主席敬酒，妈妈代表的是全国学生。爸爸很本分、很帅且能歌善舞。他们都是国家计委的干部，在这里相识、相爱、结婚。后来妈妈从计委考入人民大学工业经济系学习，一如既往地以优异的成绩在班中驻足，也一如既往地因率性成为大鸣大放中最醒目的右倾分子，从而被远远发配，告别仕途。单位找爸爸谈话，希望他跟妈妈划清界限，结果爸爸仍然跟妈妈在一起，也被"控制使用"了。20世纪80年代，他们双双被平反，又双双再度提交了入党申请书而成为党员。我真的敬佩他们是如此的真诚，年轻时代的理想是如此深深地根植于他们的内心，在经历了这么多大风大浪，受到了这么多的打击和挫折下，他们仍然不忘他们的执着和追求。

妈妈在家里是最严厉的。但她的严厉是概念性的。我跟妈妈之间的互动不是妈妈定了目标要我去完成，而是我完成了目标去获得妈妈的高度肯定。妈妈跟我的同心同德是因为她真的很欣赏也很信任我，很为我骄傲并且认同我追求的所有价值。妈妈不是个表面浪漫的人，但她对于理想的追求和专研精神远远高于我之上，跟我把很多精力放在感情上不同，妈妈把全部精力都放在了很单纯的共产主义理想上，一心一意地做一名经济学领域的专家。

姐姐像我的第二个妈妈，爸爸妈妈下放时，家里只有我和姐姐两人。姐姐9岁，我4岁半。姐姐经常会抱怨她从小学冲到幼儿园接我往往扑空，然后满院子喊我的名字。我不是从树上就是从某个小朋友家的窗口发出个声音，"我在这儿"。从小就习惯姐姐照顾我，我也习惯有事就找姐姐。我们之间从来没有矛盾，姐妹如一体，这种感觉一直到现在。但我们姐妹性格却完全相反。姐姐不像我这么风头劲，外表看很普通，从来不标新立异，但定力很强，她只全神贯注于她的愿望，知道自己要什么后，就会排除万难，一心一意。姐姐很传统，为了她所爱的人随时准备着付出，不肯轻易拿也不肯轻易地放。到今天，我和姐姐走的是两条路，我是事业型，姐姐是主妇型，但众口皆碑。我在年轻的时候有很多丰富生活不愿意被爸爸妈妈打扰的时候，都是姐姐来替我掩护，帮助我做协调，如死党般同盟着。

从幼儿园到我出嫁。我的最年轻的生命，我的有女初长成全部发生在计委大院。计委大院收藏了我长大成人的所有记忆。它在我的记忆里很美。一条条笔直规整的街道框出环环相接的楼群，清一色的苏式绿门红瓦的三层小楼，雨后散落一地的芙蓉花，从幼儿园的小朋友变成了中古友谊小学的同学，高台上的副食店，宽敞的食堂，大剧院似的红塔礼堂，还有着高高的优美曲线围墙的中古友谊小学，如乌托邦一样的世界。计委大院的孩子们全部都是国家计委干部子弟，随着时间的推移，我们和所有的计委干部一样经历着文革、经历着批林批孔，经历着反击右倾翻案风，经历着打倒四人帮，经历着改革开放。在这十年的时间里，计委大院一丝未变，没有任何的改建工程，只是随着政治风云变幻，父母们以不同的状态在大院里出出入入，孩子们以不同的状态在大院里生长变化。

童年时，计委大院像一个空空的孩子王国。大人们都和我的父母一样被下放了。大院里的孩子们清一色的脖子上挂着钥匙，裤兜里揣着褶皱的饭票，肩上挎着写有"为人民服务"字样的军挎包，如校服一般。没有大人在身边，没有父母给予的个性化设计，我们这些学龄孩子们在一个大规则中，独立地在大院里野生野长，彼此地全托了。那时候不知道父母真的担心我们么？不过，老天应该是有他更好的安排，他把父母从我们身边拿走时，在那个大环境里实际上每个孩子也被他保佑着。

小学的生活很丰富多彩。70年代，学校里充满了革命气氛。从批林批孔、反击右倾翻案风，到纪念周总理、毛泽东……我们从革命的文字中学到了知识，也学习了拼音、方块字和历史故事；在高歌《我们是共产主义接班人》和《闪闪红星》时，我们仍然学会了合唱和分声部；我们没有任何玩具，却竭尽所能地扮演各种场景，每一个孩子都是一个演员，无论是《木偶奇遇记》还是《草原英雄小姐妹》都是我们最好的脚本，我们的生活中好像没有童话，都是一个个真实的、革命者的故事，但在这个没有童话的童年，我们却发挥了自己最大的想象力。我们相信美国儿童全部是《卖火柴的小女孩》，在为他们伤心的同时享受自己的"富裕生活"，培养自己解放全人类的信念。

因为中古友谊小学的特殊地位，我们有幸成为北京机场迎宾方队的儿童方队。每次有外宾来临，我们都会穿上小方裙，手里拿着花环来到机场。我被安排在方阵最重要的右侧黄金角。外宾走过时，我每每都能看见周总理的笑脸。他的笑非常慈祥，标志性的左手放在腰部，右手挥手的样子深深地刻在我的脑海里。周总理逝世的时候，十里长街送总理，我也挤在长安街一角，像所有人一样流着眼泪。回到家里，我写了一篇《十里长街送总理》的诗。写诗时眼前回荡的都是周总理在机场向我招手时的笑容，那是我第一次带着很深的感情写文章。

大院的生活是无畏的，有各种各样的冒险。无论是挑战极限的围城游戏，家电的跑气漏电，还是"备战备荒为人民"时的满院挖开的 5 米深的防空洞迷宫。最常见的冒险是丢了钥匙，从邻居家钻过连接两家阳台直通到楼下的垃圾通道，爬回自己家。至今我仍然仿佛可以嗅到即使屏住呼吸也挡不住的那股恶臭。我们也有非常害怕的时候，记得有一天，电闪雷鸣，大块的冰雹砸到窗子上，玻璃都被砸碎了，我和姐姐紧紧地抱在一起躲在家里的小方桌下面，天那么黑，外面的声音又那么响，那一刻我们非常希望爸爸妈妈在身边。雨过天晴，满屋狼藉，是姐姐一点点打扫干净的，她在我眼里真的很大。

那时候的世界现在想起来真的很怪，可我们竟然也就是这样长大了，没有父母的童年让我们这一代人敢作敢当，具有很强的抗压能力和冒险精神。在那个怪异的世界里度过童年的人今天也是国家的栋梁了，生命真是充满奇迹。

小学毕业时，我们有幸去天安门振臂高呼"打倒四人帮"。十年"文化大革命"终于落下了帷幕。

恢复高考制度了。在经历了革命向读书的坚决转移后，高考成了所有少年的目标。我也在高考的中心目标周围，围建了自己的意识及生活。高一时因为喜欢文学和英语，顶着所有好学生报理科，差学生报文科的压力，我很坚决地选择了文科。

高中的文科学习，对我来说就是一个两年的备考。我的英语和语文一向很好，在学习中胸有成竹。其他学科如历史、地理、政治等本身需要记忆要点的，回答准确。从报名文科班的那一刻起，高考对我来说，就不是一个是否考上的悬念，而是一个如何拿到最高

1981 年，与中学好友范焱、淦玲在一起。

分的组织工作。高中两年，我将整个学习按照我的高考目标统一规划、组织着。语文、英语，强阅读，强吸收。那个时间，我阅读了大量小说，四大古典名著，革命长篇，苏联文学，法国著作，甚至坊间流传的手抄本《一双绣花鞋》《一个少女的日记》等。我特别喜欢读厚书，趴在床上，旁边放点零食，一页一页的读，一个周末下来，结束一本书的感觉很充实。英语是自学课外教材灵格风，并积极踊跃地参加区市各类英语竞赛。历史、地理、政治，我会做一个完全属于自己的笔记。这个笔记，是我结合老师的授课、教科书和高考参考题的内容，按照自己的逻辑方式整理而出，所有与此门功课相关的资料都已经被我自己提炼编辑。笔记形式全部是纲要、要点及条目，按照我理解的逻辑，很方便记忆和灵活使用。任何考试前，我只背我自己整理的东西。我是一个很重视视觉思维的人，我的记忆中除了内容之外，更多的是对我的笔记本的题目位置，红色圈点等的记忆。回答有遗漏时，经常是视觉记忆帮助我拾回很多的遗漏。这个风格一直延续至今。无论是后来备考电影学院研究生，抑或法国高等商学院 MBA，我都采用同样的方式。北京大学图书馆所有电影方面的文献演化成四本厚厚的笔记，来自蓬皮杜艺术中心的一箱法国政治经济资料复印件，成为一大摞装订册。

在我的认识里，学习和考试从来是两个概念，学习是一个阅读的经历，体验的经历，灵感的奇遇，是一个享受的生活状态；考试是一个项目，对号入座的组织。在这样的求学风格下，学生时代的朋友们记忆中的尹岩，是一个永远阳光灿烂"游手好闲"的浪漫尹岩；以至于当我进入到事业冲刺阶段，被称为女强人的时候，他们难以相信这是他们记忆中所认识的那个人。这是因为，他们熟悉的一直是那个以学习为生活状态的我。实际上，我是一个不见属于我的目标不发力的人。一旦这个目标出现，我向目标逼近的强度就非常大。每一个目标我都赋予激情和明确的目的，配以严密的组织和不达目的誓不罢休的投入。一路求学，经历了无数次考试，只要是我认定的，与我的生命轨迹有关的考试，我都严阵以待，从不失手。

高考备考的过程也是一个学校集中各类模拟考的过程。在这样的组织下，每一次考试对我都没有悬念，也就没有很大的压力，胸有成竹地赴考。高中的备考过程直至最后的高考，我都是以递进的成绩在学校名列前茅。也是因为这样的自信，在报考志愿时，我没有和家人做任何商量，很自然的填上北京大学、人民大学、北京师范大学。父亲知道此事后非常生气，抱怨我不知轻重。因为，在他的了解中，如果北大没有录取，档案也会被耽搁，导致后边两所学校的机会也会丧失。我回答爸爸：不用担心，我会上北大的。

填写高考志愿是我第一次完全独立选择自己的路径，从那以后，事业上，我没有再回到征求父母意见的模式。报考北京电影学院，出国留学，MBA学习，回国工作，辞职创业，我都是完全自己决定。在情感方面，也同样以此"特立独行"的方式。我很幸运，有一个信任我的妈妈，一个以女儿幸福快乐为准则的爸爸，一个亲密无间战友型的姐姐，让我的随心所欲不仅没有承受压力，还永远在他们的支持和庇护下。

中学的紧张考试并没有完全剥夺我的青涩成长。在这个中学时光里，我结识了要好的朋友。从初一到今天，30年的友谊背后我们却走着完完全全不同的两条路。我们共同进入大学。她规规矩矩的，一直就在大学毕业后分配的单位工作，看着我换了无数的学校，无数的工作。我们的友谊就是简简单单的在那个时代相识，到今天仍然无话不谈。少年时友谊的最大意义在于它与你所有的回忆连接在一起。

也是在中学时代，我经历了情窦初开。在极其被限制的年代，那些情动是一起去少年宫书法班，一起去八一湖滑野冰，一起在教室里背考题。风言风语下，妈妈不说一句，只是注视我的学习成绩，老师找我谈话，我回答高考榜单上我们都会在上面。

高考是在炎热的夏天。每天从考场回来，走进楼道，我总会一步三级地跃上台阶，向妈妈大声报出估计的分数，直至发榜的那一天，手里发响地挥着北大录取通知书。

我考上北京大学了。那年，我十七岁。

北大，激情燃烧的岁月

刚刚进入北大的一个晚上，中国男排胜利，校园里一个男生把一个点着的扫把从窗口里伸出来，接着其他窗口也伸出了无数把点着的扫把，欢呼声连成一片。接着欢呼的人群开始下楼，从北大南门开始向人大方向走，队伍里响起震耳欲聋的口号声"振兴中华"，那是 1981 年。我的眼前，出现了一个新的世界。

在北大，我第一次领会到精英的概念。它并不仅仅是所有的同学都是各省市的状元，它更是所有人胸怀的抱负与梦想。记得，当时的北大是一个激情奔放的校园。上有经历沧桑的老三届 77 级，下有我们这样乳臭未干的 81 级学员，单纯的青春与豪迈的厚积而薄发的中年混杂在一起。我们被师哥师姐的豪情壮志激发着，有太多目不暇接的思想和我们的追求与楷模。在那个一堂课一道思想闪光的校园，在"真理标准"大讨论中，同学们都在认真思考未来的中国怎么走。

北大的生活很沸腾。北大人之间不比学问，比跨界。譬如学中文的要用英文写小说，学英文的要出中文诗集。在我的新浪博客上个人简介中我用这些关键词来概述自己的北大生涯："振兴中国，民主墙，法语，舞会，话剧团，友谊，文学，电影"。入学后不久，北大话剧团成立，我报名参加。团长是当时的心理学系学生英达，《红衣少女》中的辛甘是我的第一个角色。之后，还排演了法国荒诞喜剧《纵火犯》。当时北大话剧团热衷于国内的当代戏剧潮流和争议性剧目，国内的荒诞派戏剧时期，高行健的《车站》《绝对信号》都是在北大首演。记得从办公楼礼堂回来，我激动地到图书馆翻出《车站》的蓝本和法国戏剧《等待戈多》，来比较两个版本的差异。当年的话剧团也排演过《原野》《纵火犯》。记得在排演《原野》时，英达还请来了当时也在排演此剧的中央戏剧学院的学生交流，也就是在这样的交流里，我和当年的中戏学生，白傻子扮演者姜文相识。话剧团的每场演出都在办公楼礼堂举行，成为校园生活的一大亮点。大学一年级，我还第一次接触到了"神秘"的交谊舞。那时的学三食堂（如今的百年大讲堂）一到晚上就变身为热闹的舞场，真可以说是夜夜歌舞升平。跳舞的男生女生，都是素面朝天，棉袄毛衣，见不到西服礼裙，只有一张张兴奋忐忑的脸在灯光下闪烁着，精神，理想，梦想，集体一贫如洗下，是集体的青春澎湃。

1984年天安门大阅兵，北大参加学生方阵，我也是其中的一员，记得阅兵前，老师把我们身上的所有东西都没收了，还在队伍前面苦口婆心地告诉大家不许喊没有排练的口号，但，当整个方阵走到天安门城楼下，就在我的身边，几个同学把事先藏好的"小平你好"的横幅举出来，画面瞬间传遍全世界，并被新闻摄影记者牢牢地定格。更幸运的是，小平同志笑了。北大人那种敢争天下先，敢对任何事情投入热情、发出心声、做出态度的精神，对我影响很大，直到现在我的行事风格依然如此。

虽然是身处法语系，当时的自己，主科法语成绩平平，反而对外国文学、外国文化思潮陷入了一种狂热。随着外国文学史的学习，我泡在图书馆，通读可以找到的所有外国文学史上提及的名著，随着西方文化思潮的兴起，我如饥似渴地吸收着所有新鲜的理论与名词。生活中有两个图书馆对我的影响最大，一个是北大图书馆，另一个是巴黎的蓬皮杜艺术中心。20世纪80年代，北京大学图书馆已经藏书逾410万册。大学期间，我在北大图书馆里，通阅了能够找到中译本的所有外国文学作品，希腊神话，荷马史诗，但丁的《神曲》，薄伽丘《十日谈》，莎士比亚全集，歌德《浮士德》，司汤达、巴尔扎克、罗曼·罗兰江河小说，茨威格，托尔斯泰、艾略特、卡夫卡、海明威、毛姆，等等，古籍作品和现实主义作品对我来说都是学习，著名诗人的诗作让我反复咏唱回味，拜伦，夏尔·波德莱尔，泰戈尔，后现代主义文学及其他令我着迷的，我还一头扎进弗洛伊德精神分析法、荣格神话原型法、结构主义方法等。

图书馆之外，我最喜欢的去处是临湖轩，这也是我每次独处的地方。从钟亭下来，沿着未名湖南岸边的小径东行不远，就能看见在湖边的小土坡上有一座静谧的三合庭院。整个院落隐没在北大竹林深处，远离喧嚣和嘈杂，独享微风、鸟鸣和草香，笼罩在一种幽静神秘的气氛中，这就是著名的临湖轩。大学期间，我所有的功课备考、所有的思绪记录都是在临湖轩里进行的。当时的临湖轩很静，很空寂，很少有人在里面。院门总是开的。我喜欢一个人坐在廊下背书、看书、写字，或者自己呆坐着，发梦。最喜欢的是下雨的时候，湿漉漉的院落里，听着雨滴自在地落在院落里，浇出清香的味道。这也是北大生活中唯一的清净时光。

大学四年级，临近毕业。20 世纪的 80 年代，仍是"万般皆下品，唯有读书高"的时代。为了追逐社会最强音，跻身精英人群，我决定报考研究生。那年正值北京电影学院招生，是新中国以来的第一批研究生，我决定报考电影学院。考前的三个月，我又一头扎进北大图书馆，拉书单，一本本书籍，一本本笔记，将所有的电影类、文艺理论、美学类书籍通读，记了一本厚厚的学习笔记。当时备考时陪伴我的喜多郎音乐、大白兔奶糖、桌前的黄灯至今仍记忆犹新。

20 岁那年，考研成功，我告别北京大学，直接跨入北京电影学院。

此间的少年

语言对人的影响很大。在北大，德语系的人很严谨，日语系的人很礼仪，西语系尤其是法语系的人想象力丰富，追求浪漫。我无疑是一个标准的法语系女生，一方面是追求浪漫我行我素的本性，另一方面是受整个法国语言文学及电影的熏陶。我对情感的想象和追求很受文学电影的影响，很向往那种纯粹的刻骨铭心的，能像催化剂那样令人焕发和改变的爱情。所有的文学著作都直接进入到自己的情感想象中，诱发着内心的波涛。

进入北大的第一个学生大会，坐在前排的一个清瘦高大有着贵族苍白肤色的高年级男生，让后排的我瞬间陷入一场柏拉图式的单恋。读到了茨威格《一个陌生女人的来信》，仿佛自己的心事一下子被人说中，从此爱上茨威格小说；捧起泰尔戈的诗章，优美的诗句在我的心中瞬间变成一句句默默地爱情告白，如痴如醉。大学四年，我仍旧经历其他的校园爱情，但在内心深处，却一直深深地守护着这段帕拉图式的情感。他不知道我的心意，我却好像在为他存在。终于，他要出国了，前夜，他突然说：做我的未婚妻吧。我被幸福震慑。他走了，书信问候；他回国探亲，举案齐眉。在一起向着"终于幸福地生活在一起"走去的时候，我却陷入极度的恐惧。他，仍然是他，高贵，幽默，真诚，但，却没有我以往爱情关系中熟悉的爱情共振。我的激情没有了着落。到那时，我才明白，北大如痴如醉爱上的只是我的爱情。这么多年，那个有着王子一般侧面的男生一直是我终极爱情的承载物，他承载了我对爱情的所有想象。我感到我的爱情神像正在慢慢融化，为了恪守这份刻骨铭心，我离开了他。两年后，我来到了巴黎。坐在巴黎的咖啡馆中，他就在我的面前，以为已经平静，但，心却在流泪。这场爱情，从大学学堂被那个侧面一击击中，时光已经八年流逝。八年中，从怯怯静处到后来的相敬如宾，我们见面相加一起不足 30 天。我也从未向他敞开心扉，表露仰慕背后的所有激情。那个夜晚，我给他写下一封长信，记录从见到他第一刻后每一次相遇，每一次远望，每一次相处和每一次思念，那些属于他的音符，那些属于他的诗句。万字书，与其说是向他倾诉从未向他表白的心迹，不如说是在祭奠自己的爱情。最丰富的爱，是 90% 的约会只能在心里发生。没有任何凡尘琐事损耗激情以及想象。就这样如痴如狂地沉迷，在沉迷中，创造着美轮美奂。

帕拉图式的爱情并没有断送我的校园恋歌。四年的北大生活我沉浸在以友谊和爱情为核心的浪漫校园生活状态里。我喜欢身边出现的男生，无论是北大的，还是外校的。他们的才华横溢，他们的雄心壮志，他们的阳光帅气，他们的少年轻狂，他们在激情中的痴醉和缠绵……婚姻在大学期间从未进入我的意识。爱情从不与婚姻挂钩，想象中唯一出现婚姻的情境是披上婚纱的婚礼，由我的美丽的孩子做花童，在我的身后，牵着婚纱的一角，没有丈夫和家庭的影子。

我也曾经被一段热烈的爱情包围着，以爱的名义。他是当年北京的高考文科状元，出众、优秀、风流、自负。他永远用各种各样的爱的宣言环抱着你；他会给你讲他的梦，如何在梦中与你相守，但，他强烈的自负和不安全感导致极端的爱和占有。在以爱的名义下，我被困在他的孤岛上，任何外界的事务都可以触动他脆弱的神经，任何友谊、自由活动都无一例外成为我们生活中最大的暗雷，随时引爆情感的冲突。那段时间，除了爱的昏眩外，就是申辩、哭泣、放弃。终于有一天我义无反顾地离开了他。这种爱情是我不能接受的。我意识到这不是个爱情问题，这已经上升为自由问题。经历了从对爱的沉醉到自主意识越来越强的过程，更发现什么也不能阻止我对自己存在的追求。之后的情感关系大部分都是因为自己坚守存在的定义而分道扬镳。有些东西生来就是在我的血液里。我的我行我素不是任性而是我对自己的东西很珍惜、很恪守。就像我在《ELLE》辞职，这种放也是因为它阻碍了我存在的生命状态。我从来不会因为某个人或者事去妥协我自己的生命存在，坦率地讲我的自我生命价值从来就高于情感和事业。

北大校园生活还赐予了我今生最享受的友谊时光。它给予了我今生最阳光、最真诚、最持久、最深刻的友谊。如此浓郁的青春，如此强烈的意气风发，让我们共同被吸引，共同被燃烧，共同被释放。未名湖的滑冰，十渡的远游，宿舍里的畅谈，聚会时的会餐……那些朦胧情愫慢慢走出青涩，没有以男女之情告终，却成就了一段段最真诚、最清澈的校园友谊。那是我们校园中最快乐、最明朗的时光，是我们彼此最具象的青春演绎。在心无邪念下，这些友谊把一种温暖和喜悦种进我们的心里，无论当它包围着我们，还是躲进了岁月；无论它是自始至终伴你左右的关怀，还是人间蒸发后突然出现的问候。今天，北大时期的友谊仍然是我最亲密的朋友，大家共同走进不惑之年，回想当年的青春，既是回忆，远胜于回忆，如同生命中的一部分。

北大时光是一个特别享受的时光，没有任何务实的思想羁绊你的青春和想象力，虽然有很多青春的烦恼和冲突，但更多的是青春的放肆。北大生活就像是一首青春的歌，充分激发了我的生命状态。

北大到底给了我什么？——那个我喜欢的尹岩

我常常问自己"北大到底给我了什么？"爱情？在北大我经历了青春残酷物语，我完成了从女孩到女人的蜕变，我享受了帕拉图式的爱情？学业？在北大我的法语专业平平，磨炼着临时抱佛脚的功夫。却旁听了很多其他课程，自由的通阅百余本的"走向未来丛书"，一头扎进弗洛伊德精神分析法、荣格神话原型法、结构主义方法等，满口不知所以然的"存在主义"。友谊？在北大无论是同窗同学，话剧团社友，舞会默契的舞伴，还是青春万岁的至交，生活永远欢快的飞扬着。

慢慢地，我发现，在爱情、学业、友谊之上，北大最让我留恋和感激的是它孵化出那个自己喜欢的尹岩，那个自由、激情、充满理想和抱负的尹岩。它让你有抱负，它让你结识那么多激情澎湃的人，它让你知道世界很大，什么是想象力，什么叫作规则和体系。大学是我人生的雏形。生命是个不断放大的过程，北大最大的功劳在于它给予了我的那些特点，它们在日后的生活中被放大，正向地影响我。

从高考报志愿那天起，北大就给予我无与伦比的骄傲，"北大人"三个字里有一种潜台词：有抱负、有理想、有作为。它给予我自信去打破现实生活中的很多迷信，无论是财富迷信还是成功迷信。它让你觉得所有的大事和重要的人物都可以和你有关。大学四年中，周围同学和朋友中所谓的"轻狂分子"不胜枚举，大家以这种方式潜移默化地相互敦促要"特立独行"并且"有所作为"。今天，看到众人追捧的成功人士曾是大学的同窗或朋友，他们不会高不可攀或者鞭长莫及。从巴黎毅然而然回国，也是身边有太多北大的同学在遥不可及的岗位上工作着。很显然，他们能，我也能。

四年的北大生活，我完全是无忧无虑以知识为主体，以丰富多彩的人文生活为基本元素的生活，它把我后来的很多人生基调基本都确定了。对自己状态的认知和肯定，对自己的毋庸置疑都是在北

1981 年初，北大未名湖畔。

大培养出来的。从来不会去自责自己的感性追求，而北大严谨的治
学风气又培养了我理性的思维，到今天为止，我在感性上很放肆，
但同时我会一直保留很理性的东西。

北大对学术的崇拜造就了我这个"学院派"。在我眼里做任何
事情都是要有它的学术基础，规矩体系和逻辑的，包括我在创业上，
一个稳健的平台必须是一个严谨的知识体系和重要的知识元素构架
起来的。我很信赖这些，也把它当成做任何事情的基础。没有知识
支持的东西我会质疑，很多事情都会验证它的"源头"，这些意识都

是在大学时代形成的。

我的开放式思维体系也完全是在北大形成的。北大学生讲究博学多才，在北大很少只读专业学分。根据兴趣选修其他系的课程是有追求的标志。我在北大时期选修了很多中文系的课程。所以，跨界，我在北大校园已经开始。它给了我一个更加开放的思维与眼界，给予我一个更加自由的行为定式。我从来没有认为专业与正在从事的事情是充满矛盾与选择的。对我来说，生活中有太多事情是围绕自我兼容的。这也是至今为止，从法语到电影，从电影到商业管理，从商业管理到电视，从电视到媒体，再从媒体到瑜伽，在众多跳跃、改行或华丽转身的评语中，我一直认为我从来没有进入这样的语境。因为，自始至终，我只是在我的界内穿梭，以我的不同能力，以我的不同形式。

到现在为止我依然喜欢北大时期的自己，阳光、快乐、充满激情，有那么大的求知欲和想入非非的野心。我珍惜那个自己喜爱的尹岩，而在以后的创业中，北大人尹岩似乎叠合在一起，一直不可撼动地影响着我和我的生活，过去如此，现在如此，未来会更加如此……身为北大人，是我的自豪，也是我此生最受激励的头衔。四年的北大生活，成就了一腔热血，延续在一步步的事业进取中。它不是一个学历，它是一种品格。一种做人需要有的抱负、激情与社会的关系。"我必须去承载这种角色。"这是一种北大期间熏染的激情、年轻时的轻狂、成熟后当仁不让的担当。北大的四年生活使我更加看重生命中的"非务实"，去追求务实之外的意义：精神层面上的人生哲学和生命观的探索。我不想落入尘埃，人生观、生命观、宇宙观，远比物质财富更有价值。

第二章

爱上电影

1986 年，北京电影学院时期的尹岩。

回想电影学院的求学生活，与其说我在求学，不如说我在进一步生活化自己，让思维更加活跃，态度更加自我。从学业精进上讲，那时的我没有刻苦钻研的态度，而是自然生活着直到硕士毕业，享受着"学电影"的生活方式直到我深陷迷茫……大卫·里恩的《印度之行》中"印度让你面对你自己"的独白不断回闪在心中，我明白电影学院的学习深深沉入我的心底，以另一种方式伴随我的未来。

初遇电影

北大法语系学生当时有个全北大都非常羡慕的特殊待遇，每星期的一次法国电影观摩，由法国大使馆提供法国电影拷贝。观摩的地点是在北大哲学楼，就在北大图书馆前。当时的北大图书馆只有现在的一半大，门前是宽敞的草坪，形成北大中心地带。由此向北，幽静的临湖轩、未名湖和一些老房子，往南是学生宿舍和食堂等沸腾的学生生活区。哲学楼就在这中间，是一栋三层的小楼，老式的建筑灰墙，中式的绿瓦屋脊，一条悬空的青石长廊连上旁边的小配楼，梯形放映厅。在北大那几年我们看了无数的法国电影。法国使馆视听专员是一个典型的电影发烧友。他为我们送来了法国各个阶段的代表作品，默片、喜剧片，荒诞派电影，新浪潮、左岸派、当代片……在观摩中，与其说熟悉了法国语言，不如说我真实地被法国文化、思维方式、生活理念尽情熏陶了。我无以抑制地被带进法国的自由情怀及浪漫。在大学的四年中，我通过电影发现了特吕弗的世界并深深地陷入其中，《朱尔和吉姆》《隔壁的女人》《爱情狂奔》《阿黛尔·雨果的故事》，陶醉于男人与女人之间的致命的吸引与对抗；我通过电影更深地了解了左岸派作家阿兰·罗伯格里耶和玛格丽特·杜拉，诗人导演让·谷克多的意识世界，通过夏多布里昂感受法国人的幽默和浪漫，欧洲的电影语言中的自由和作家风格也让我印象深刻。后来到了电影学院读研究生学到法国电影史才发现这些电影史大片我其实在北大都看完了。由于北大和电影学院这两轮法国电影的双重印象，我到巴黎留学时，发现每条街道每个拐角我都熟悉，巴黎已经通过银幕成为我熟悉的故乡。

北大毕业论文我选择了《特吕弗其人其事》。在这篇论文里，我详细回顾了特吕弗的生平，作为影评家的特吕弗，作为导演的特吕弗。论文逻辑缜密，语言富于情感，得到非常好的评价。后来，这篇论文还发表在电影学院学报上。特吕弗的世界对我有极强的感召力，在他的影片中，我与男女主角同呼吸，如文学作品中读茨威格的小说时的感受。我曾经有强烈的愿望，亲自告诉特吕弗，他的世界如何描述了我的心声，遗憾的是，在我到达法国之前，他已经仙逝。

北京电影学院

考研究生时很顺利，笔试顺利通过。我报考的是革命前辈袁文

北京电影学院研究生时代。

殊的研究生。笔试后，好朋友熊晓鸽，当时他还在社科院研究生院
读新闻研究生，并常为中国日报做"业余娱记"。他带我登门拜见了
袁文殊老先生。这是我第一次见到我的导师。实际上在后来的学习中，
中国电影进入到电影史上最辉煌的复兴时期，第五代导演，西方电
影理论，新电影手法探索，等等，已经与延安时期的寓教于乐有极
大区别，所以，我的硕士学习更多的是在众多的现代电影理论，当
代电影研究老师，新生派导演的氛围内进行的。

　　我们这届研究生班20人，因为是新中国第一届，学生成分非常丰富，最小的比我还小，最大的参加过红卫兵串联，三代人在一起。女生大部分是应届毕业生，大胆开放，很狂很摇滚；男生大部分表面古板，实际上老谋深算，他们当时在入学前及入学后已经活跃在电影评论领域。进入电影学院时，是1985年，那时电影学院还在朱辛庄，现在的黄亭子还没有完全装修好。入住时，黄亭子院址只有两个班的学生，明星班和研究生班。我们和明星班的人在一起，与当时的《大众电影》封面的明星们同吃同住了半年后，朱辛庄的本科生们终于搬过来。他们之中有王小帅、张元、王志文、胡雪扬，等等。

随着黄亭子院址的正式启动，电影学院开始充满了生机。电影学院的生活非常丰富多彩，从师道尊严的北大来到这个师生同僚的学院，有诸多的不适。北京电影学院的自由松弛是北大校园里见不到的，而学生们更加自我与社会的状态也是我这个校园生无法直接融入的。在电影学院期间，我经历了一个完全与北大校园异样的感受，我们是新中国以来第一批电影研究生，导师都是电影界的老前辈，陈荒煤、袁文殊、钟惦棐……他们同时也是第五代导演的老师，都是中国电影史上最重要的人物，我的导师更是延安时期的革命者。当时，中国电影界的名人全部在你的身边，无论是食堂里的明星，讲台上的著名导演，研讨会的著名理论家和翻译家。学业外，是沸腾的生活，由崔健率领乐队的主场是学校食堂舞会，各种电影观摩展，学生作业，充满激情的中秋聚会……校园生活非常前卫，学校老师不是北大教授的为人师表，而是一种更加自由、肆意和热情的状态，各系同学间允满冲击的无间隔的交往态度，电影学院里呈现的自由不再是北大校园的精神和内敛的风格，而是一种更加生活和直白的风格。

我其实特别幸运，我的生命和中国时代的强音总是踩在一起。20 世纪的 80 年代是迄今为止中国电影最为辉煌的年代，是中国电影的骄傲，中国电影史上最为耀眼的篇章，充满了理想主义光彩、现实主义精神、艺术探索的锐气，电影理论研究与创作空前无间隔探索，完成了中国电影史上最轰轰烈烈的电影学探索，"第五代导演"新锐导演以新奇独特的处女作树起了新的美学旗帜。张艺谋曾经感慨，"80 年代，那可是中国电影的纯真年代啊！"凡是经历过的人，没有谁不怀念、不向往的。遗憾的是那个年代一去不复返了。

我于 1985 年入学电影学院，正值中国电影艺术探索如火如荼之时。在 80 年代初引进巴赞长镜头理论、克拉考尔电影照相本性论的纪实美学之后，中国电影进入到电影现代化的热情讨论中。中国电影家协会在 1984 年到 1988 年连续 5 年举办暑期讲习班，邀请西方电影学者介绍西方电影理论，随着讲座，西方理论家的讲稿也分别在《北京电影学院学报》《电影艺术》等期刊中发表。80 年代中后期，通过大量的译著和讲座，中国电影理论界对西方电影理论进行了比较全面和系统的了解和应用，西方电影理论引进中的整体态势基本形成，处于中国电影理论探索登峰时期。学习中，我们获得大量西方电影理论命题：结构主义，符号学，类型电影，电影叙事学，电影社会学，悬疑电影，法国新浪潮，作家电影、女性主义电影等。1986 年开始，电影学院开始邀请西方电影理论家尼克·布朗，汤尼·雷恩来学院讲课，我们与电影学院的先锋老师们一起听课，迷醉于他们用电影学和社会学进行的镜头分析，电影在我们面前变成了一个个真实的画面叙述，成了真实的电影语言，而不是视觉故事，所有人为获得这个新的电影思维模式和诠释能力欣喜若狂。

回想电影学院的求学生活，与其说我在求学，不如说我在进一步生活化自己，让思维更加活跃，态度更加自我。从学业精进上讲，那时的我没有刻苦钻研的态度，而是自然生活着直到硕士毕业，享受着"学电影"的生活方式。学校期间，我们专修了从默片到当代电影世界的大部分代表作品，观摩了近千部影片。在这些影片里，我倾心英格玛·伯格曼的影片，以简约的影像风格、沉郁的理性精神和对生与死、灵与肉、精神与存在等一系列问题的探索；我享受左岸派作家电影中时空倒错的"意识流"手法，《去年在马里昂巴德》《印度之歌》以及《广岛之恋》，探索人的内心意识，探讨现代人的迷惘和心理过程本身；我迷醉特里弗电影中呈现的刻骨和绝对的爱情；我忘不了《阿拉伯的劳伦斯》黄沙中那双蓝色的眼睛……直到多年之后，当我来到巴黎，看到那些似曾相识的街道人群，我知道电影史的学习是将影像深深潜入我的记忆里，直到我深陷迷茫，大卫·里恩的《印度之行》中"印度让你面对你自己"的独白不断地回闪在心中，我明白电影学院的学习将深深沉入我的心底，以另一种方式伴随我的未来。

电影学院还不可抵挡地铺垫了我的电影梦。毕业后，我被分配到中国电影家协会电影研究室工作。半年后，我启程巴黎，赴巴黎大学学习电影学。巴黎的求学，让我将书本上的电影彻底回落在实践中。在这里，我接触到大批电影从业人员及发烧友，见识了各种各样的电影节、短片、纪录片、著名导演回顾展、人类学电影，第一次发现电影创作不是某些导演的专利，电影评论不是电影理论家的书桌，电影节也不是仅在电影资料馆。巴黎，从一个开放的电影拍摄场地，到电影院的回顾展，街头巷尾的影评，让电影从神圣的殿堂落在人间。在这里，我第一次感觉到，电影更加是一种生活方式，一种生活手段。也是在巴黎，我开始第一次接触电影制作，从担任港台摄制组的巴黎制片助理，到最后与先生回到中国拍摄人类学纪录片，其间参加张艺谋《活着》《摇啊摇，摇到外婆桥》的制作，为戛纳电影节担任亚洲电影代表团新闻官，在巴黎生活的八年，我以不同的方式，不同的角度，接触到电影学院书本中的电影制作环节。这些经历，让我越来越清晰地明白，在电影领域里，我的定位不是一个创作者，而是一个制片人。多年后，在离开《ELLE》以后，曾经有机会担任一家中国电影公司的CEO，但是，我终于在电影和瑜伽中间，选择了瑜伽。电影梦于此告一段落，但我知道，它还在那里以它的方式存在，以它的方式等待，终究会以它的方式浮现。

因电影而结缘的朋友们

《活着》与张艺谋

　　真正与张艺谋零距离接触，是在《活着》摄制组。当时在法国留学，论文题目是《中国第五代导演》，好友吕乐担任《活着》摄影师，便介绍我进组。张艺谋是一个极其全神贯注的人，在整个拍摄过程中，他永远沉浸在自己的世界里。早上在走廊对面走过，你说："导演早。"他常常会先愣一下，然后说"你说什么"。把人弄得非常尴尬。

1995 年，与巩俐、张艺谋于戛纳电影节。

他能够从早到晚一直处于那个状态下。

张艺谋有一种非常特殊的能量场，能够将周围所有人的注意力和能量积聚起来。每一次讨论时，他总是眉毛皱起来，身子略微倾斜，然后开始讲这个地方问题何在，该怎么做。他的眼睛非常亮，并且有聚光效应。他在发言的时候，你很少能分神。即使是对一群人讲，不是对你说，不知不觉中你整个人的状态和思维就被他的能量给吸引住了，完全就跟着他走。他非常精益求精。如果巩俐一句台词说不顺嘴，他就把大家召集起来研究这句台词。台词会可以从晚上9点持续到凌晨2点。所有人就这么头脑风暴着，只要巩俐没说满意，他就不会松口。张艺谋就是这样的人，只要有一丝能挖掘的地方，他就要去挖掘。他还是一个极其群策群力的人。他不是自己窝在那里挖细节，更多的是民主集中，他是一个很善于调动大家的人。他能把团队里的每一个人，包括像我这样的小场记调动起来，为一些未必跟自己直接相关的细节苦思冥想。

在剧组的经验潜移默化地影响了我，在我后来做主编的时候，我的团队里一定总会有人在某些方面强过我。有的人选题能力好，有的人有独特的视野，有的人文采优美，有的人信息丰富，我从来都是民主集中的。现在想起来这应该是在《活着》摄制组里受到了张艺谋的影响。我看到了他如何像挤柠檬一样把周围人的想法挤出，然后再按照创作的需要重新整合。还有一点，不论周围的人有什么样的想法，这些想法最后终会融入到张艺谋自己的轨道里，张艺谋的轨道永远在他自己的脑子里，很清晰。你再才华四溅，溅起来的浪花也只会落到张艺谋的渠道里，而不是影响他的渠道。张艺谋从不刚愎自用，很少一言堂但又原则性非常强。他的脑子极其清楚，知道自己要达到的效果是什么。而他对周围人这种挤柠檬式的使用效果真的很棒。当时剧组的创作人员都是今天电影界的大腕，演员巩俐、葛优，青年演员郭涛、倪振红、姜武等都是在这部影片里开始了他们的银幕生涯。摄影师吕乐，张艺谋电影学院同班，当今中国电影界摄影大家，吴宇森《赤壁》摄影总指导，也是目前冯小刚御用摄影师。美术总监，服装总监分别由曹久平、华苗夫妇担任，他们几乎成就了张艺谋早期的所有电影美术，从《红高粱》《菊豆》《大红灯笼高高挂》《秋菊打官司》等。录音师陶金也是第五代金牌录音师，与张艺谋、陈凯歌多次合作。制片主任是胡晓峰和张震燕，更是重量级制片人。每个人都有自己的点子，全力投入到这部片子的创作中，这就是张艺谋。他的电影是一个精英团队对一个导演创作的集体奉献。

张艺谋身上的坚忍让你觉得这个男人城府不浅，但却是那种作为男人该有的城府。当时的巩俐有些骄娇二气，到场不准时，严重时，所有人布好光，就等"小姐"（剧组中对巩俐的称呼）出现。张艺谋咬着牙忍着，从来没有在众人面前跟巩俐有言语冲突。不仅对巩俐这样，在拍摄过程中，不管对一个人再有意见，也不会让情绪影响到工作。另外，他与巩俐的深情在外人面前一直是一种非常自然和淡然的状态，甚至可以说是老夫老妻的默契，但是，平淡背后的深刻，却是暗流涌动。我们至今还会感慨，巩俐最美的形象，最出色的演出仍然是当初在张艺谋影片里的角色，经过《活着》摄制组的工作，我才深刻体会到这根本不是年轻或激情两字可以解释的。实际上，出于深深的爱，导演不允许她不美，不允许她不出色。印象最深的是有一个镜头，巩俐的中景，她站在大锅前，把锅盖拿开，锅里的热气冒出来。这其实并不是一个关键镜头，但就为这个镜头，摄影师构图完了，张艺谋反复看，再调整。从这个镜头里，我能感觉到张艺谋对巩俐的那种爱。他希望巩俐的每一次出现都是完美的。所以，会连这种过渡镜头都进行很细致的调整。

巩俐和葛优上坟那场戏我印象也很深刻。巩俐真的是一个特别出色的演员，不光是人美，她的爆发力非常强，表演强度特别大。那几场撕心裂肺的戏，巩俐是一下就进入状态。葛优那时还不太擅长剧烈的情感戏，所以那场戏拍了好多条，都是巩俐哭出来但葛优没哭出来。张艺谋很安静，没有说过任何一句有压力的话。只是一条条的重拍，用无形的压力去驱动葛优。

内心里，张艺谋一定是一个飞扬跋扈的人，不容侵略或冒犯。但是这一切均不露声色。经历了《活着》摄制组，我深深地感觉到，张艺谋能够获得今天的成就，其中没有太多偶然成分。唯一的偶然，是他选择了电影。如果他选择行商，他仍然会是一个富甲，如果他处在非和平时代，他仍然会是一个叱咤疆场的将军。

巩　俐

在我眼里，巩俐是中国至今无人能敌的巨星。她也是唯一一个自然而然成为国际巨星却自视平常的人。巩俐的银幕生涯是由一系列的佳作组成。她的美，不是描绘出来的，而是散发出来的。这个被西方人誉为五星红旗之外中国第六颗星的巩俐，在辉煌中平淡着。无论是什么造型，镜头中，她的目光都是执着、美丽、高贵中带着浅浅的忧伤。有很强的诉说感；表演中，她在情感诠释上的收放自如，出色的爆发力令人惊叹；生活中，却是一个如此真实、自然、性情、无心机的女子，似有一层天然屏障，银幕生涯所有不可避免的虚荣浮尘都无法落身。

剧组里，当时的张艺谋是个朴素得不能再朴素的人，巩俐也是。两个人真是以电影为家，招待所套间的大小纸箱是他们的所有家当。巩俐除了人物服装之外，就穿红色龙凤图案土布做的舒适衣裤。当时，在他们的生活中，真的只有电影，其他的都不讲究。每次换场地的时候，还可以看到一箱箱的卷纸，巩俐说一起买，便宜。巩俐有一种天真，她的不在乎，她的过于松弛，她的小任性，这些都是她干干净净的天真。当时的巩俐非常活泼调皮。她会经常给某些人的房间里留暗语，故意制造悬念，很暧昧的纸条啊，制造假约定啊，事后得逞嘻嘻地笑着。

电影的团队真的特别像个家。可能因为大家住在一起，因为艺术家的状态，因为陌生的环境，虽然很苦，但是很快乐，像亲人般的生活。剧组期间也让我和巩俐熟悉起来。后来在戛纳电影节做亚洲新闻官时，继续为中国电影团服务，与巩俐就有了更亲密的接触。巩俐是一个很重感情的人，毕竟那么投入，那么年轻，又生活在一个有过妻儿的男人的爱里，她的焦虑与伤心是可以想象的。也就很难要求她完美得体。她是一个性格外露，不藏任何心机的女人。张艺谋是一个有既定原则、没有任何人可以撼动的人，他的既定原则里肯定有他对妻女的态度。他对跟他在一起的女人的忠贞要求也很强。《摇啊摇，摇到外婆桥》关机那天晚上，在巩俐不知情的情况下，当着所有人的面，包括记者，张艺谋宣布与巩俐分手。巩俐当时就哭了。1995年，《摇啊摇，摇到外婆桥》剧组参加戛纳电影节，那是他们分手后的第一个重要影片活动，我被特别派过去照顾巩俐。巩俐表面上保持自然，晚餐时大家都谈笑风生。吃完饭走出餐厅，巩俐和我单独下榻在一个饭店。街灯下，两组人分得很开，那一刻，"各奔东西"被无情地推到所有人的面前。巩俐和张艺谋面对面，分手后第一次站得这么近。大家站在稍远的地方望着这一对剪影。所有人为他们难过。在巩俐的房间，巩俐哭了。她说："当你还爱一个人，却被迫分开时，你怎么办啊？……我真的很难受。"

那一晚，巩俐给我讲了很多。巩俐是个特别纯粹的人，有山东人的倔强。她和张艺谋曾经最大的矛盾是张艺谋给女儿打电话。她告诉我："经过几年，我在变化。我从一开始的不能容忍，到后来，我已经理解了。"那年，在张艺谋女儿生日的那天，张艺谋想找机会给女儿打电话，巩俐知道，倔强气上来，你不跟我说，我偏要在旁边，我看你说不说。一个陕西的闷，一个山东的倔，顶得死死的。巩俐告诉我：其实那一天我并不想闹，我只是想抓住这个机会来表明我接纳这一切。最后却演变成实质性的矛盾。很长时间，巩俐无名指上一直戴着一个细细的戒指，这是我见过的最细圈的戒指。戴在她的纤细的手指上，楚楚动人。巩俐告诉我：这是张艺谋送给她的。

多年后，在《ELLE》的专访中，我问巩俐：今天再看爱情，你的感触是什么？巩俐答道：很多人说，爱情是自私的。我觉得爱情应该是种理解，如果你很自私地对待爱情的话，这段爱情肯定会相当短暂。

巩俐张艺谋这段奇缘，只能一声叹息。

姜 文

姜文，如其名，很"文"，不是老谋子。他的文，是冲天的才气。这个才气是充满个人性的，像一片光。把自己照亮，把别人晃昏或晃盲，同样，也造就了一批崇拜者和不知所云的指责人。我是属于崇拜者之列的。

1982年，我在北大话剧团，当时正在排《原野》，团长是英达。英达和姜文是好朋友，中戏表演系也在排《原野》，便被请过来表演。那是我第一次见姜文。虽然以后没有很多机会见面，但是，彼此却将对方当作旧时的朋友。后来又续旧缘是姜文拍《阳光灿烂的日子》的时候。当时《阳光灿烂的日子》正值后期，出现资金问题，后期剪辑无着落。正在负责中法合拍片张艺谋影片《摇啊摇，摇到外婆桥》的法国制片人让·路易积极联系德国电影人施隆多夫提供后期资助。作为让·路易的助理，我担任外联，帮助协调德国剪辑、参加电影节等各项沟通组织事宜。那时，我带着8个月的身孕，快快乐乐地忙碌着，然后就淡忘了。很久以后，姜文又提起那段往事，他说：那时你怀孕了，好像快生了。所以给人的强烈印象是那么的热气腾腾，甚至是狂野旺盛的。就是很性感！当时大家都那么觉得。在这个强烈的事实之前，我不得不脱口赞叹：你是个美丽的孕妇！听见这句话，你毫不掩饰你的旺盛和喜悦，且更加热气腾腾地奔跑着消失在总参一招三米宽的苏式老楼道的尽头。其实你当时的那股狂野旺盛的劲头狠狠地感染了我们，那个由于始终资金不到位而心力交瘁的剧组。几个残兵不由得发誓必须拿出美丽小孕妇听到夸赞后更加热气腾腾楼道奔跑的劲头来完成《阳光灿烂的日子》最后的任务。不久，你的笛笛和我的《阳光灿烂的日子》都傲然出世。

和姜文真正走近是因为笛笛的爸爸和姜文的法国前妻都是研究道教的汉学家。我们经常一起聚餐，为孩子庆生，度假等。两家人的情谊就这么一路走来，后来，我与先生离婚，他也和法国前妻分手，我们又回到原先的单线的老朋友。再以后，有一次我跟姜文聊天，问他现在女朋友是谁。他说你认识，在你那儿练瑜伽呢。与周韵接触不多，看姜文的时候碰到她，会跟她聊聊孩子，聊聊保姆的事情。大家都有同样的母亲的喜悦和烦恼。

和姜文是那种心里很近，但来往并不密切的关系，也许是因为他是"巨星"，我又非常崇拜他，也就远观着，偶尔走近问声好。生活中的姜文非常北京男人，周围总是围绕着众多男人，呼风唤雨的。他总是说，就怕女人忙，女人一忙他就眼晕。他很喜欢孩子，当时女儿出生时，他起名一郎，调侃说，他准备一直起到五郎，甚至八郎。一郎的童年是在北京法国学校读书，和笛笛在一个学校。每年一度的学校夏天活动，各班的学生都会表演节目。这个场合中，总能遇到姜文。站在密密麻麻的各国父母的人堆里，他像一个再普通不过的父亲，守在那儿，等着女儿一郎上台。姜文是属于那种男人，爱孩子爱到手足无措。箫箫生日时，姜文独自带两岁的儿子来赴宴。那天，周韵有事不能来，他坦言这是他第一次单独带儿子。你可以感觉到他的紧张，甚至儿子如厕都是一件天大的事。

姜文对我很信任，偶尔见面时，会聊点心事。另外，他觉得我又做媒体，又懂电影，有时候也会兴奋地聊他的电影。2004 年的一天，来到东庙，姜文公司所在地，姜文神采飞扬地告诉我，他要拍一部美轮美奂的片子，至今我还记得姜文站在我的面前，挥舞手臂激动的样子，情绪饱满而富有张力。后来的《太阳照常升起》被一片看不懂的声潮压抑，我为他难过，也为他推广中的虚弱声音着急。

《让子弹飞》开拍。已经很久没有见姜文了。到片场探班，再见到他时，姜文放松地坐在那儿，有型有采，那场戏有周润发、姜武、陈坤、发嫂，周韵也在。这个出了名的胶片杀手，二十条导演，扇耳光那个镜头，三条竟然就过了。当时我就觉得他这个戏有点不一样了。他会发牢骚般调侃：不就是票房吗？老子也会。姜文变好看了，身材很有型。有一段时间他特别胖，也特别狂，狂到我什么样你观众也得喜欢。但这次他真的锻炼了，很好看。他会跟你讨论健身问题，偶尔还升华一下。他的状态变了，海阔天空了，人很松弛。周围的团队也都是年轻人。拍完后，他拿出红酒和奶酪，热情地推荐他发现的奶酪加苹果片的新吃法，放进口里，奶酪的浓郁与苹果的清香混在一起，让口感更加丰富。姜文还请我看了为记者招待会制作的推广片花，我感觉并没有完全体现姜文电影水准并直接告诉了他。姜文很认真地听，后来，他将记者招待会的方案做了很大的调整。姜文从自说自话，到懂得去倾听，松弛了很多，似乎让出了一些空间给别人。《让子弹飞》飞出了票房，姜文几乎为自己正名了。不过，我相信，姿态终究会退去，姜文还是姜文。

探班时是冬天，北京郊外的片场很冷。姜文披着一件短款皮夹克坐在监视器后，又硬又冷，我把车后放的一件默瀚的中式棉袄给他，姜文马上换上，露着短了半截的胳膊说舒服。回到市里，我给他定做了一件大的丝棉袄送过去。他回赠给我一箱上好的红酒，礼尚往来。

姜文很有才华，他的轻微涉足，可以获得别人钻研许久的功力。书法，他可以行云流水，偶尔也会收到他诗兴大发的"作品"短信。英语法语，句式准确，发音地道。最令人钦佩的是，这么多年与姜文交往，你会觉得他一直有一种非常强的创造力在那儿。他恪守着自己的阳性情结，向属于他的银幕投放阳性能量，带着爆发力，带着侵略性，带着破除旧秩序，建立新逻辑的"嚣张"。他似乎永远不屑于"蝴蝶鸳鸯"派的温柔，但他的心底又是那样的一往情深，有着很多的情感和责任挣扎。他寻找人性根底中的那些特质，然后再创造出一些特立独行的表象。他的电影语言中有一种张扬的个性和自由，又有天生的幽默、敏感和沟通力。片如其人，是没有任何造作的"流畅"，似乎被一种激情带着，在激流中"大江东去"。他为电影而生，但愿他自己也不懈怠，枉了这份造化。这样的男人，属于极品，至于其他人与事，是不用施以世俗的标准苛求的。他的存在已经是很好的福音了。

第三章

巴黎玫瑰

埃菲尔铁塔前留影。

法国对我来讲是一个拿文凭、学求生、重新理牌再向前走的过程，也是我人生阶段中最重要的经历之一。如果说北大的生活是在我人生际遇中撒下一些种子，那么在法国，我真正独立的人生才开始。巴黎是我人生真正入世的前奏，经历了所有挑战和不认可，再去反省去重新获得认可，这是巴黎给我的成长方式。

面包香中的哭泣

飞机在戴高乐机场徐徐降落。那是1989年11月4日。深秋的傍晚，天色清冷，走出机场大门，混合着香水、面包、奶酪和潮湿的气味迎面扑来。这就是巴黎。

第一次走在巴黎的街道，所有的街景一一和我的记忆中的画面回流起来。仿佛是一个本来就生活了很久，终于回乡的感觉。每一个街角，那一个个带着红色帐顶的咖啡馆，慢慢驶过的公车，行走的男男女女，远处的教堂，埃菲尔铁塔，流淌的塞纳河，在观摩了数百部影片的数年后，我终于置身于这个法国电影最大的外景地。站在巴黎街头一闭眼，那些充满浪漫气质的情境全都呈现在脑海里，只有在抬头时，发现巴黎的天空比北京的天空低了很多，云彩在头顶上飘着，仿佛伸高手臂，它们就能从指尖里流淌过去。

初到巴黎的抒情在第二天的下午就戛然而止。

下午，自己乘地铁前往学校报到。换乘的站台是 Montparnass 站台，几乎是一个卫星站台，众多地铁线交错于此。行人匆匆，无人止步给你指点。在遭遇了几次冷遇后，我忽然体验出身在他乡的孤独无助。这是我这一生都没有体验过的情感。当时的我，就在这人流中，面对错综复杂的路牌，自卑自怜地站在站台上流起泪来。后来一个中国女人看见我，停下来，给我详细指路，然后，同情地说："刚到，不要着急。自己保重。"

终于下了地铁，已经是 5 点多，天渐渐黑了。从 Saint-Michel 地铁站出来，沿着一条长长的上坡路，就是拉丁区的巴黎大学校址，大概有三站地距离。路灯已经开始亮了，发青的天空有几缕红云。那条坡路上几乎隔着几米就是一个面包店，满街飘香。走到一个橱窗前，看着刚刚烤好的面包，金黄金黄的，撒满巧克力和果酱，好香啊。在国内从来没见过那么好看的面包，看着就香。标签上注着：12 法郎，相当于 9 块钱人民币，当时我在国内拿的工资是月工资不足 200 元。9 块钱一个面包对我来说简直是天文数字，我在橱窗前站了一会儿，决定还是继续往前走。走到第二家时又站住了，就这样走到第五家时我还是没舍得买。卖火柴的小女孩的形象慢慢浮现出来。一路沿坡而上，面包的香味与其说是刺激我的嗅觉不如说是刺激我的心理，越往上走越悲伤。等走到教授办公室，已经是满腹悲怆了。见到教授，没有迎接远道而来的学生的热情，只是简单地看了看论文题目说"你到我们法国来学习中国电影，你也太不严肃了"。

此言一出，如同拔开了我悲情的塞子，我不可抑制地爆发了："你凭什么说我不严肃？我跑这么远来到法国学习，我为什么不能研究中国电影？我就是要用你们法国电影的方法来研究我们中国电影。"并且，把那个"我们"说得特别强烈，特别悲愤，还带着很强的民族感。老师听完就呆了，但又很聪明地马上说"对不起"。他应该洞察了这个无名爆发的背后感受，不动声色地把他的电话号码留给我：有任何需要，给我电话，有机会我很愿意帮助你。

法国自费留学生活就这样开始了。去法国之前，一位远在美国留学的朋友帮助我联系住在巴黎的一位旅法作家家中。这是我在巴黎的第一个落脚地。国外是把身上的符号摘掉的最好的地方。当时，著名演员从珊，名模石恺，著名艺术评论家费大伟等。不管你原来身份如何，到了异乡，大家面临同样的实际问题。语言，工作，生活，进入社会，价值所在。生活不是很方便，面临很多实际问题，也有很多失落，但那种自由的感觉真的很好。艰苦状态下，大家互相鼓励。经常聚餐，包饺子。没有擀面杖，就用啤酒瓶，怀念涮羊肉，就买来羊肉冻上一刀刀的切，很厚的一块放到锅里涮，不好吃。大家分享着自己的生活，互相帮助。

学校注册等事宜办好后，开始自己找房子。作家朋友善意地告诉我可以长住，但是，为了一个更加独立的感觉，我还是婉言谢绝了。我在巴黎留学期间的真正磨难也从搬出之时开始了。房子是我在巴黎求学的第一个噩梦。找到的第一个房子是一间办公室的里间。在蓬皮杜艺术中心附近。我需要在上班前锁好门离开，下班后再回来。这样的房子还是只可以住三个月。放学后，为了等办公室人去屋空，我每天泡在对面的蓬皮杜艺术中心里，图书馆就是我的书房，累了出来转一圈，参观展览。倒还算惬意。随后，我搬过很多次家。房间都很小，有的房间只有三平方米，窗户在房顶上，天花板是45度大斜角，只能放一个床垫，一个小书桌。洗漱空间是屋角的一个小三角池，洗澡时，双脚站在脸盆里，一把水一把水撩在身上。后来，一个台湾女孩回国，让给我她的房子，是在埃菲尔铁塔广场旁一栋很资产阶级的房子。最上面的小阁楼就是我房间，可以看到落日。对我来说从一个办公室、用人房到一个能看到落日的顶间，而且房顶又没有那么斜，真是太奢侈了。每个房间，无论是三个月还是一年，我都会到建材城买回心仪的墙纸，重新装修，制造署名尹岩的空间，帮助自己心有定所。

巴黎的日子，让我从一个饭来张口，衣来伸手的小女孩彻底变成独立生活的女人。

在巴黎还要面临如何解决生存的问题。那时的父母都是国家干部，除了公派留学生，没有任何家庭可以资助孩子海外的留学生活。我也如此，在外的生活需要自己勤工俭学。最初的几个月，我晚上8~12点在餐厅的吧台帮人调酒、做甜点，早上7点，送房东孩子上学，下午4点再去把孩子接回来，白天上课。用这样的方式换来了一些收入。房子，学校，大学，饭店，被地铁连在一起，成为生存主线。直到现在，进到巴黎地铁，一闻到那股味道，还能升起当初奔波的疲惫感。不过，勤工俭学是一个非常愉快的过程。看小孩子时，就拼命跟他说话练习法语；在咖啡馆打工时努力学怎么切菠萝，做鸡尾酒，心里没有压力，只有好奇和谋生的兴奋。遇到中国人就说自己是北大的，给自己提提气。其实那时候出国留学的都是国内精英人群，人才济济，由此也结交了来自各地的出色学子。满怀抱负异乡求学，最大的考验在于要不要坚守出国时的信念，将"革命"进行到底。因为，在国内贫穷，国外的生活非常有诱惑力。有些人慢慢从看世界开始了半工作状态，再到为生活所迫变成了全工作的状态。很快，在当时的男友，留法摄影师吕乐的帮助下，六个月以后，我脱离了初级的勤工俭学状态，开始找电影方面的工作。渐渐走进法国的生活。在巴黎虽然辛苦但从不"心"苦，最开心的是交了一些朋友，做了很多我这辈子不可能再做的事，从来没有觉得自己有"沦落"感。我甚至还跟着法国朋友参加过法国总统密特朗的聚会，他还慈祥地握住我的手祝福我在法国学习电影顺利。当然，学习也在顺利进行。

我性格中最强的坚韧不拔、面对困难独立思考的能力都是在巴黎形成的。现在想来，找工作的过程对我的刺激和锻炼是巨大的，我从找第一份工作到最后给中国企业工作，中间有保姆，超级市场收银员，有鞋店服务员，当时的状态是只要能让我挣钱我都可以做，但即使那样的工作也还被挑剔，你会对自己的价值有巨大的质疑。艰苦的时候，我也遇到法国"护花使者"，希望与你共度此生。当时，一个婚姻是可以让所有面对的问题迎刃而解。但是，我恪守着自己留学原则，经历着求学、见世面、谋生的考验。

法国对我来讲是一个拿文凭、学求生、重新洗牌再向前走的过程，也是我人生阶段中最重要的经历之一。如果说北大的生活是在我人生际遇中撒下一些种子，那么在法国我真正独立的人生才开始。在法国，我的生命第一次归零。从一个天之骄子，父母疼爱的小女儿，我习惯了骄傲中我行我素。来到巴黎，第一次，引以为豪的北京大学，却无人知晓；第一次，习惯的"法兰西小姐"光彩遭遇母语；第一次，可炫耀的电影点评却发现遍布巴黎街头巷尾的草根影评家。我忽然发现，我是仅仅以一个中国人的符号，站立在巴黎的人流里。这种失落感，我生平第一次感受到。我要重新找回我的重心。在巴黎的生活中，虽然经历种种困苦，我坚持对自己说：这一切都是短暂的。我仍然是那个骄傲的我，只是，在现阶段我是来开阔眼界的，我是来体验西方生活的，我是来学习西方专业知识的。所有的生存取舍以此为准则。法国八年，在一个零状态下再把自己重新立起来，有太多事情是对你的追求和信念展开挑战，有太多机会让你变成一个几乎不是你的自己。我不断地反省，"尹岩你到底是个什么样的人才？你到底是不是在尊重你自己？"我的自省在求生中不断地被强化。求生最能催生人的成长，让从无忧无虑到满腹忧愁，再到摆脱这种忧愁，把被动变成主动，这一切都是巴黎给我的。巴黎是我人生真正入世的前奏，经历了所有挑战和不认可，再去反省去重新获得认可，这是巴黎给我的成长方式。

帕特里斯与巴黎生活地图

巴黎生活的九年，给予我很多。

我当时在巴黎的家位于市区中心，Rue Vivienne。Rue Vivienne
虽然只是一条很短的街，却因为贯穿了巴黎股票交易中心广场，维
也纳长廊，巴黎皇家公园直通卢浮宫而著名。街的北端是连接巴
黎歌剧院的意大利大道，南端在巴黎皇家公园结束。维也纳长廊

笛笛和帕特里斯在巴黎卢森堡公园内。法国著名摄影师 Marc Ribaud
（马克·里布）拍摄。

是巴黎非常有名的一条长廊，那里有巴黎最好的插画店、Jean Paul Gaultier 的总部及旗舰店，最好的古书收藏店和一间非常好的英国咖啡馆，其他的如古表董店、名牌二手店、奶酪店等更是多得数不过来。长廊的廊顶是彩色玻璃，阳光照下来时整条长廊都是亮的，散发着老巴黎特有的迷人气质。法国著名的巴黎拍卖场 Salle de Drout 也在这个街区，欧洲最大的拍卖几乎都在这里举行。

　　真正走进巴黎的生活方式，还是与笛笛爸爸帕特里斯一起生活以后。笛笛爸爸出身于典型的资产阶级家庭，却反叛家庭，崇尚知识分子的生活。20 世纪 60 年代法国爆发五月风暴，60 年代的中产阶级学生集体反对现行社会，对现代资本主义进行了一场文化批判。中国文革期间，一批法国学者也经历了某种意义上的"文化革命"，年轻的学生罢课罢学，举起个人主义、文化自由主义的旗帜，以巴黎公社的形式设起街垒，制造革命浪漫主义氛围。同时追随卢梭"回归自然"理论，进山务农。帕特里斯正是这批左翼青年的一员。他学藏文、烧汽车、吃迷幻药、听鲍勃·迪兰、上山放羊。在极其反对资产阶级旧秩序的同时，由于家庭熏陶，帕特里斯仍然保留着所有资产阶级的生活习惯。虽然年轻时可以反叛，但中年以后，家庭给他的影响便慢慢显现出来。如，对美食的要求，对衣着的讲究。和他在一起，我知道从面包的黑白面粉，糖块的精白和自然形状上分辨资产阶级、知识分子及社会成分；家里的肉、面包、果酱、奶酪这些必备品从来不从超市购买，都是在特定的食品店购买。也是与帕特里斯开始，我真正接触了法国名牌世界，逐渐变成 Kenzo，

Sonia Rykicl，Lanvin，Cacharel，Agnes B 等品牌的常客。

帕特里斯的工作是演讲，需要在各地游走。我们便总是在路上。墨绿色的陆虎，后备厢是满满用于讲座的帕特里斯的书籍，后座放上我们的行囊。坐在副驾驶座上，走过一个个乡村城市，眼前美景尽收。帕特里斯的父母在枫丹白露拥有一个非常著名的饭店 Bas Breaux。从英格丽·鲍曼，国际巨星到日本天皇，都在那里下榻并留下亲迹，欧洲七国首脑会议也曾经在那里举行。Bas Breaux 被收录在《遗产保护城堡酒店》系列里。于是，在我们的旅程中，酒店大都选择在历史遗产类的庄园酒店。美食，美景，所有法国精美的家居园林都非常考究的酒店。那段时间我们游历了欧洲的角角落落，这段时光让我真实地进入了欧洲的生活方式，并培养了我的审美知识及品味。

帕特里斯带我去了有很多法国文化印记的地方，如萨特生前的咖啡馆圣日耳曼大道上 Flore 咖啡馆，蒙马特尔高地上著名的画家餐厅，普鲁斯特写作《追忆似水流年》时居住的多维尔海边大饭店，还有小桥与铺满睡莲的湖面宛如从莫奈的名画中走出来的莫奈花园……只要在巴黎，我们还会经常去巴黎拍卖场，在那里参观所有拍卖前的展览，看见一个一个法国家族的没落与兴衰。帕特里斯的左岸派背景也让我有机会接触到很多法国知识分子，其中有巴黎舞蹈博物馆馆长、著名作家 Mondiano；法国国家电影中心任职的 Alain；米勒博物馆馆长，国际道家研究第一把交椅 Spohr 教授……法国知识分子的自由思维、开放心怀及潇洒，追求简单自然的生活方式对我产生了非常大的影响，他们对时尚的内敛追求都深深影响了我的品味与见识，以至于离开法国，在时尚界工作的时候，仍然让我对时尚保持着很强的自我品位的坚持与判断。

追随卢梭回归自然的时代，帕特里斯在法国农村买了大片土地和农庄，兴盛时牛羊成群，拖拉机轰鸣。等到我们生活在一起时，当年的盛景只剩下一座农舍，一大片长满荆棘的山谷。山里的家，前后山谷里只有我们一户，周围是一个特别有秩序，特别安详的农村。在那里，我体会到了什么是回归自然。以前我是一个典型的都市女孩（city girl），但在阿尔带山自己的家里，第一次体会到了带有农村生活品质的自然生活方式。山里的生活，日出而起，日落而息。坐在山坡上，望着满山坡的红霞渐渐形成一团火球掉下山的背面，拿一本闲书坐在斑驳的木椅子上，听到羊铃忽而不停地响，忽而又慢慢走开；还可以看到很远的、废弃的农庄；背着小竹篓，在山坡上采点蘑菇；开出十公里到山上的小镇去赶集。停在路边的农舍，一杯咖啡，或者一块面包，听主人用古法语称赞女儿笛笛。农村生活也可以是一种超越城市生活的享受在那时进入到我的意识。

帕特里斯是一个汉学家兼人类学电影家。70 年代，他作为外交官来到法国驻华使馆工作，从此开始了他的汉学研究和人类学电影的拍摄。家中有全套的红旗杂志，客厅四壁从地面到天花板都是法语哲学文学作品和中国道藏古籍等书籍。储藏室更是被一架大的胶片剪辑台和摞到天花板的 16 毫米胶片填充。在他的胶片里，有 70 年代毛主席接见红卫兵的画面，有中国农村人定胜天的壮烈场面，还有偏远乡村的道场记录。和他在一起，我们共同合作了两部人类学电影《张谷英村》《福建土楼》。

我是 1986 年在北京与帕特里斯结识的。后来的日子，无论是在北京还是在巴黎，帕特里斯一直作为我的朋友关怀着我。在巴黎求学期间，每每请求帮助我，都因为当时的独立意识婉拒了。只是，在这些接触中，渐渐地，帕特里斯在我心里成为最可信任和依赖的人。在与帕特里斯相识 7 年后，我们终于约会了。半年后，我们结婚了。我们的婚礼与其说是一个婚礼，不如说是一个大的节日。驻华大使马腾亲自在大使官邸为我们举办了证婚仪式，仪式后，十余辆红旗牌轿车一行开往颐和园。在那里，宾客们在湖心岛恭候，而我们所有的娘家人随着我在万寿山登龙舟，在唢呐声中穿过整个昆明湖，缓缓驶向新郎。那是一个令人难忘的时刻。也是我这一生中唯一披上的婚纱。结婚蛋糕是帕特里斯负责定制的。他拿着一幅古代山水画来到中国大饭店，要求以此制作，竟然如愿，我们的结婚蛋糕充满了亭台楼阁。后来，随着女儿的出生，母亲的责任感让我转向进取，奋发的同时，也增加了我的很多焦虑感。这时我的入世及务实与帕特里斯的出世及无为产生了激烈的矛盾，帕特里斯生命中的逍遥特性不断地遭到我的排斥。终于有一天，我们之间的隔阂变得不能再被漠视。今天，我们已经各自有了各自的生活，但是，我们仍然是笛笛的父母，我们仍然有非常亲切的关系。脱离了丈夫角色的帕特里斯又重新成为那个学识渊博的谦谦君子和品味出色的挚友。在我的成长之路上，他为我涂上了一笔重彩，我非常感激！

笛笛赋予我重生的力量

在我 30 岁那年，笛笛出生了。笛笛为我的生命带来了很多。生笛笛之前，我把全部的宠爱留给了自己，满足自己的争强好胜，满足自己认识世界的好奇，满足自己澎湃的浪漫。女儿笛笛的降生，让一直以来都把自己当作大孩子的我感受到了前所未有的责任感。

产后 40 天，我患上了轻微的产后忧郁症。那时候，我经常抱着笛笛站在巴黎卧室的窗前，深秋的巴黎永远是灰蒙蒙的天，我的眼

1995 年春，在法国山中的家里备考巴黎高等商学院。经常是抱着六个月的笛笛温习。

泪不可控制地在脸颊上流淌。搂着笛笛温暖的小身体，有一种强烈的相依为命的悲哀。当时，心中涌起一个特别强烈的信念，我一定要保证，让这个小东西无论什么时候需要我，我都可以顶上去。一天，一个朋友打电话，通话40分钟里，我们全部都在谈奶粉和尿布。放下电话，我忽然意识到自己已经沦落为一个家庭主妇。我学了那么多的知识就是为了奶粉和尿布？如此这般，将来当女儿需要我的时候，我除了一句妈妈爱你，还能为她做什么？我对自己发誓，当女儿需要的时候，我必须可以帮到她，女儿遇到困难时，无论是从精神上，财力上，或者是人脉上，需要我的时候，我都能助她一臂之力。如果不能为女儿撑起整面天我也要给她一片立足之地，这片地上要有起码的经济基础、经验及人脉，而不是简单的温柔的怀抱。这些只能通过事业来达成。

"电话事件"让我重新审核自己的角色和价值观。我必须有一番真正的事业才能好好爱女儿。当天我就开始找工作。很快，我在一家中方企业任职，工资还没有保姆多。但，即使这样，我的第一步也迈出去了。比保姆费用还低的工作让我看清自己的现状，如此以往，是不可能完成我对女儿的保障的。我开始重新整合自己的实力。研究手中的王牌，北大法语，北电硕士，巴黎电影，中法跨文化背景。我看到，手中的王牌在法国社会无法得到认同，自己多文化背景发挥优势的前提是，必须有一个法国权威体系的出身，也就是说，我还需要法国社会公认的一张王牌，一张像在中国通行的北大文凭，来带动我的所有优势。我开始寻找如何可以以最短的时间获得这张法国社会通行证。经过研究，我锁定法国巴黎高等商学院 MBA 文凭。我了解到，在世界经济，尤其是亚洲经济发展的背景下，我的中国背景，加上合格的考试成绩，会有很好的胜出机会。而进入这个学院，将会直通法国各大企业。决定后，我辞去中国企业的职位，带着一箱从蓬皮杜艺术中心准备的备考资料进山了。

1981 年高考，进入北大，争当天之骄子；1985 年考研，进入电影学院，要做唯有读书高的人上人；1995 年，我又开始进入新的考试。这一次，是我一生中目的性最明确的备考，我要进入法国主流经济社会，为女儿踏上征途。离考试还有 3 个月，在法国中部山中的农庄，与世隔绝。笛笛那时 8 个月大。100 天的备考中，我除了背书就是给孩子喂奶。结识我 8 年的帕特里斯吃惊地看到他眼中吃喝玩乐的娇妻一日之间变成一个不食人间烟火的潜心读书人。我在法国的中外朋友也特别震惊，永远悠闲的尹岩忽然发愤图强了。3 个月后直接进考场。笛笛一岁生日那天，法国巴黎高等商学院市场系，国际项目管理系同时给我发来了录取通知书，真的是一个大礼。当时的我，抱着笛笛心花怒放，我知道，一条宽敞的路已经在眼前铺开，只需踏上，一步一步迈下去，我必将目标达成。

巴黎高等商学院是法国三所最著名的商学院之一，同学都来自法国各大院校的高才生，我是唯一一名外国学生。MBA 的学习课程是我以往的文科学习很少经历的，金融学、会计学、营销学、管理学总论、运营管理学和战略管理学等，课程之外，有大量的小组学习，很多案例研究作业也需要大量的资料阅读。这是我上过的最繁重的学业。MBA 期间，我近乎保持着进山备考时的那种与世隔绝，除了照顾笛笛，就是读书。生活变成简单的家、幼儿园、学校三点一线，作息也成为早上 6 点到夜里 2 点。在这里，我挑战的是我从来没有接触过的经济领域，内容完全不像文学和电影那样人文，而且全部是法文。法国的学习方式是给你一个话题和一些参考书籍名单，需要你阅读并找出相关内容部分去论证。那是对我学习能力和知识结构的巨大挑战。在品牌经营学、市场学、金融学、财务学等课程上，我学到很多概念和思路，这些概念在我的心中埋下一颗颗种子，在日后的工作中被重新记起。

终于，MBA 后期实习阶段，我顺利进入法国 Marie Claire 集团亚洲发展部。从此，脱离泥泞小路，进入事业主道。笛笛，用她的降生，让我觉醒生命中的责任和意义，她的出生没有让我的生活变得慌乱起来，反而是因为有了这样一份爱和责任，我的一举一动都有了明确的目标，道路也变得明朗起来。

告别巴黎

MBA 毕业前期我入职 Marie Clarie 集团国际发展部亚洲业务助理，负责跟进 Marie Clarie 亚洲版业务，工作内容比较简单，对已有的 Marie Clarie E 中国香港版、中国台湾版、新加坡版进行每期杂志分析，同时做一些版权业务等组织及协调工作。另外，还有一个最大的工作，就是协助中国版的创刊。当时，Marie Clarie 选中的中方合作伙伴是《时尚》。当时的《时尚》还是初创时期，在那个四合院里，我至今还记得法国办公室里那张中国行合影照片。照片里，吴泓、刘江意气风发，身边是当时的《时尚》主编高晓红，纯正的红色口红，在蓝色色彩的吴泓、刘江身边，显得格外鲜艳。当时，Marie Clarie 与《时尚》已经进行到了试刊的阶段，在巴黎的办公室里，可以时时刻刻感觉出法国人主宰的气势。终于，当巴黎强烈地指责《时尚》的周年庆典活动没有经过他们策划和审批就进行的时候，吴泓的一份传真声明就过来了。传真中，吴泓义正词严地声明《时尚》的主人是中方，不需要经过巴黎的任何审批。从此，为《时尚 MARIE CLAIRE》画上句号。

由于进入 Marie Clarie 工作，我的 MBA 论文题目也选定为"如何在中国合作媒体项目"。远在美国的熊晓鸽这时已经在 IDG 供职，他操作的"计算机世界"做得风起云涌，并在中外合资办刊上有了非常好的经验。论文过程，他成为了我名副其实的论文导师，经常是隔洋电话指导我。当 Marie Clarie 中文版遇到困境时，我把熊晓鸽的背景介绍给巴黎总部，告诉她们：和这个人合作，他可以帮助你们顺利进入中国。但，位微言轻，自负的她们一笑而过。后来，当熊晓鸽准备进入生活类杂志领域时，我自然地向他推荐了时尚集团，于是，《时尚 COSMO》诞生了。

Marie Clarie 把我带上了时尚媒体之路，让这个情结在我的身上深深地生根，同时，Marie Clarie 的经历也让我认识到，仅仅进入一个大企业对于事业的发展是不够的。而助理角色的无力和被忽视也让我的自尊心极大受挫。我决定，必须尽快找到捷径，走入高管行列，发挥我本来就应该有的角色。

在法国，我决定做事业的时候，已进入而立之年，在事业上的迫切感非常强烈。从年龄考虑，如果不能在 35 岁前达到自己应该达到的位置，之后再去努力，会被动得多。对我来说，事情不做则已，做则必须出类拔萃。

当时的法国接纳中国留学生已经有 15 年的时间，当地机构需要的亚洲人职位已经被中国人差不多占满了，在法国中层和高管今后不会再增加聘用中国人岗位，四年内跨到一个高层是没有机会的。这时候，巴黎的所有经济社会报刊开始连篇累牍报道亚洲的发展与未来，一本经济论著《亚洲大趋势》也跃居榜首。这本书描绘了正在发生的世界经济大转移，并预言 21 世纪将是亚洲的世纪等。在亚洲，由于中国市场的发展及跨文化管理的需求，以前那些驻外机构不敢交给中国人的职位慢慢地开始交给在国外生活学习过的中国人了，这就是所谓的海归潮。北大很多在外留学的朋友开始纷纷回到亚洲在国外公司担任要职，我也在思索自己到底要怎么发展。入职 Marie Clarie 后的经历让我明白，在法国晋升为决策人已经是一条太漫长而不可控的道路。我需要找到一个捷径。我把自己手里的牌理了一遍，发现我手里的牌都是好牌，但前提是我要回国。只要回到国内，我会马上再回到天之骄子的地位，亚洲非常需要我这种跨文化背景的高学历人才，我可以经过短暂的过渡，在可控的时间内走到高管位置。

人在 30 岁之前工作怎么换都可以，但 30 岁以后，如果还没有确定自己的方向，还在自己的短处上徘徊，那将是对个人成长的一种巨大损失。首先，你会不断地受到打击，并因为不停地质疑自己而消耗精力，从而无法快速前进；其次，你获得的经验与你未来的发展和你自己的特质并不一致，这无疑是种浪费。30 岁之前你可以很懒散；30 岁之后，你就应该把自己的那棵树种下去了。

决定要回国工作的时候，我花了 3 天的时间搜索各种工作机会。发现不可能很快在法国找到一份亚洲的工作。没有哪个企业的亚太总监会专程到欧洲面试一个仅仅是可能的员工，如果不回到本土，光等面试的工作机会就要半年一年。从 30 岁到 35 岁，总共不过 200 多个星期，我不想花费这么多周的时间去等待面试。决定，马上启程，回国找工作。

从萌生回国工作，开创事业，到全家启程，其间只用了一个月的时间。

1997 年底，告别生活了 8 年的巴黎，我举家回国。我仍然记得第一次踏上巴黎的土地，那个在地铁里流泪的女孩，那个在面包香中满腹悲怆的女孩。今天，我已经身为人母，拥有坚强的意志和独立的性格，怀有更加明确的目标和信心；今天，我是一个成熟的女人，准备开始为另一个人生再跨步。

第四章

海归之后

1998 年，与笛笛在北京。

我是一个目的性很强的人，一旦目标确认，我是一定要完成的。外表上，我浪漫多情，柔和无为；事业上，我其实很理性，忍辱负重。让我在事业上第一次对自己有明确定位是在法国。我不是一个艺术家，但我是一个文化事业非常出色的人才，我具有对艺术对文化的领悟力和诠释力，与文化人艺术家的沟通能力，同时我有运作项目的能力和激情。所以，无论以后的事业涉及什么样的领域，我都围绕文化项目这个轴心，相信这里永远会是我的核心竞争力。

法国电视台

当时决定回国工作，我的自我定位就是文化事业。首先，圈定了北京、上海、香港。在我眼里，这三个城市是可以在文化上有所作为的亚洲城市。其次，为了将自身优势最大化，一定要把我所有的牌都用上，尤其是北大法语系和法国八年的留学经历一定不能浪费掉。所以，一个法国背景的文化企业，或者是一个看重国外背景的纯文化企业便成为我找寻工作的核心目标。如果不能一步到位，也要寻找一个能够顺利过渡的职位。初步筛选完以后，一个月内，我拿着《法国驻华企业名录》，发出了几十封求职信。随后是在北京、上海、香港一连串的面试。过程远不及想象中那么顺利，但总算在一个月后收到了法国使馆商务处的实习生 offer，月薪 3000 元。这完全与我回国前的 15000 元月薪无法媲美。但是，我依然很高兴，因为我知道眼前这个职位一定不会是我的终极目标，只是一个过渡。它的意义在于：终于，我在国内落脚了。

在法国驻华使馆工作的 3 个月是一个精彩的过渡。在 3 个月里，通过认真工作后的结果和感受，我清晰地确认自己是个行政及管理上的庸才。在此领域开拓事业，我是无法大展宏图的。同时，我开始广开人脉，寻找更加适合我的平台。我很幸运，3 个月以后，法国使馆商务处正式聘请我担任视听领域商务专员。同时，法国国家电视台亚洲记者站也给我了制作的职位。于是我决定接受法国国家电视台工作，上岗月薪 2500 美元。

在 Marie Claire 工作时，我做得更多的是媒体行政工作：归纳文章，审查版权，市场调研报告等。Marie Claire 给了我对媒体的初步认识，也给我提供了在媒体行业发展的机会。但我真正从事媒体创作工作，是起步于法国电视台。

法国国家电视台亚洲记者站是一个新闻类记者站。法国国内新闻联播中关于亚洲的新闻以及纪录片都由这个记者站负责提供。我的岗位是一个集记者、翻译、公关、组织协调为一身的全方位岗位。主要工作内容是在众多的题材中做选题并提供给站长。站长再从中选择他认为适合法国电视台需要的内容。确认后我再安排跟进所有与这些选题相关的政府拍摄许可，进行拍摄，拍摄过程中负责所有的外联，现场的翻译，最后回到站内，协助剪辑完成。

刚刚进入法国电视台的时候，我的地位很一般，工作清闲，基本上是秘书，翻译，外加打杂。重要题材基本上是由另一位精通中文的法国同事承担。如三峡搬迁这样的重大题材，我都没有机会参与。为了得到更好的工作和锻炼机会，我便从选题入手，争取以选题获得机会。每次的选题，我都查阅大量数据，阅读背景资料，比我的法国同事案头工作多做了很多，同一命题下挖掘更丰富的角度，如站长希望做一期棉花题材，我的同事建议棉花胜地山东。我则做了一个棉花调研，将所有国内棉花产地做了比较，最后锁定新疆建设兵团，提出在操作棉花选题时可以同时套拍边疆建设兵团选题；除了丰富选题的人文历史，我还瞄准最难攻克的一些国家限制题材，并利用自己的人脉，攻克官方许可。如，1996年重大洪灾；1997年西昌卫星发射报道等。就这样，大量的案头工作，加上百折不挠的跑实地，把我从一个打杂的角色，变成了亚洲记者站主力。

在不到一年的时间里，重大题材基本都交到了我的手上。利用操作选题的机会，我还将自己从未涉足的领域和地域划入选题的主要范围，我希望能够见识更多的人与事。出国之前，我仅是利用学校假期在国旅担任全陪，借带团机会游览了国内旅游胜地，包括新疆西藏。但是，很多非旅游胜地从未有机会了解。在法国电视台工作的两年期间，我将选题做到中国大江南北，从戈壁滩到雅鲁藏布江，从贵州百岁村到泸沽湖。这是我行在路上最多的年份。

与国防科工委合作报道卫星发射是我的一次难忘经历。

1997 年底，在搜索选题时，我看到一条消息，中国与法国合作，于 1998 年 7 月 18 日，法国宇航公司为主制造的鑫诺一号通信卫星将在西昌发射。这是一个千载难逢的好机会。继 1996 年长征三号发射失败后，中国航天事业面临着国内外巨大关注和质疑。从对外宣传，到法国宇航公司，都是这次采访很好的突破口。于是，我开始了漫长的申请过程。我在申请信中充分阐述这个报道将对国家宇航事业的国际形象，与法国的合作关系等具有积极的作用，并不遗余力地与他们讨论、沟通协调各个环节，从遭到拒绝，到考虑一下，到最后的书面许可，整个过程经历了 6 个月。在那之前，没有任何国外媒体踏足过中国卫星发射基地。采访的经历让我大开眼界。我们的报道从法国运载卫星的专机抵达绵阳机场到最后的升空。西昌发射基地在深山里，离绵阳机场有一段路程，但路况不好，经常还会有羊蹿到路面上。卫星运输要求是必须保证平稳无挫动的。十余公里的路程，运载卫星的车辆走了一天，基本是一厘米一厘米挪过去的，沿路封锁戒严，并专门布置了赶羊的士兵。当时真是令人大跌眼镜，根本想象不到，如此高科技的地方，周围是名副其实的农村。

发射前，法方在基地盖了一个很大的卫星棚，鑫诺一号就安放在里面。卫星棚顶树立着法国国旗，有法方军警站岗，视为法国领地。卫星棚外则是杂草丛生，并有山羊游荡。那个画面是我这辈子见到的最离奇的反差。我们记录了法国工程师在基地的生活，卫星的准备工作，卫星发射的激动人心的时刻。一个星期的拍摄，我也有机会穿着防护服接近卫星。当时我的手放在那颗卫星上，心里非常激动，生平第一次如此近距离地接近卫星。1996年发射卫星失败仍然在人们的心里留有不安，这次发射之前的气氛也很紧张。当时，除了中法双方卫星人员，只有我们这一队摄制组。发射的那天，我在发射大厅里，身边是电影才看得到的画面。成排的在名录里才见得到的将军们，国防科工委的科学家们，站立在一排排仪表台后，感受着电影里的倒计时并一起读秒。当卫星成功升向天空，响彻全场的激动的掌声。这一经历我一生难忘。

　　西藏也是我工作不久开始攻克的另一个艰难选题。自 1989 年西藏暴乱，西方媒体大肆报道之后，西方媒体进入藏区报道就受到严格控制。1998 年初，我开始着手西藏选题的策划和申请工作。与西藏地区政府充分沟通以后，我们获得了一个西藏系列报道许可，其中包括拉萨古城区维护，寺院，水电站，藏医学等经济文化专题。作为计划的策划及沟通人，西藏政府明言请我把好关，不要有任何许可外的拍摄及报道口径。各方的警示和压力全压在我的身上。我第一次去西藏是 1991 年，担任国旅法国团西藏线全陪，游览了旅游线上的西藏。这一次，西藏真正在我面前展开。三菱越野车载着我们，连绵的雪山，五彩的经幡，虔诚的朝拜者。我们记录了辩经的场面，藏医院的药典唐卡，圣湖和水电站的冲突。而蓝天下的藏民，唱着歌在屋顶打糠的镜头更是让西藏充满盎然的诗意。这个西藏报道是

1991 年，利用假期担任国旅全陪导游，第一次踏上西藏。

至今法国电视台所进行的最全面的西藏报道，也让我有机会近距离地感受西藏的社会和生活。

法国电视台这两年的经历对我的锻炼特别强，所有的政府公文撰写及公关能力在法国电视台期间得到了极大的锻炼。在这个工作里，我从最开始的懵懵懂懂找选题，到有很好的政治和经济敏感度，到最后，发现很多从来没有注意过的视角，涉及从来没有接触过的领域。在这两年里，我天天都要上路透社的数据库，去关注亚洲的各种消息；看所有的中国报纸，把有意思的内容挑出来，用法文写成选题给站长看，看完确定了再去联系。我的阅读能力、数据搜索能力、文字编辑能力、法语书写能力，再加上剪辑能力，还有报道的角度、报道时对时间、对对话的控制能力，都是在那时候锻炼出来的。现在电视台采访我，我第一句话就是问他要用几分钟，以此组织我希望传达的内容，包括说完话留几秒作为剪辑点等。所有实际操作的技巧，都是那时候掌握的。除了采访技巧外，在对政治和经济的敏感度上，我也得到了很大锻炼。那时正值中国经济和政治发生巨大变革的时期，香港回归，国企改革，国际合作……在法国电视台两年的工作锻炼使我拥有了更加开放的视角及思维模式，更加客观人文的态度，更加专业的处理信息和传播信息的媒体技巧。

法国电视台对我的能力开发有非常大的作用。没有这两年的锻炼和培养，我以后是不可能在新平台上这么快的进入角色和发挥能力的。我一直在说，在做工作的时候，无论做什么，你都必须让它成为你以后的价值。Marie Claire 的工作，让我对媒体有了一个很好的认识；法国商务处的三个月的工作，让我了解了法国人的工作方式；法国电视台的经历，记者素质以及各项能力都得到了全方位的锻炼。在职业发展中，我们很难说哪步走对了，哪步不对，哪一步就到了应该到的位置。从第一次进入一个岗位，到最后在一个岗位上顶峰式的发挥，中间可能会经历很多岗位，会经历想做的事和不想做的事。但是，只要你在工作，你都值得去花力气。因为不把心放在工作上，就根本得不到工作经验；不做事情，就根本没有机会犯错误。所以最聪明，最会计算的人，不是计算老板剥削了多少，而是计算从这份工作中积累了多少经验。事业中要计划，要管理，也要计算。但计算焦点不能在数字上。数字上的计算是会催落理想的。我建议所有做事业的人，不要把数字当作最高判断值，而是着重于我的价值提高了多少。这个价值不是数字，是你的经验，是你在这个工作中获得的成长，业绩的成长，还有对自身觉悟的成长。只要保持这样的思路，你会发现，不论你在什么平凡的岗位上，都能为自己积累经验，创造属于自己的价值。这种积累不会消耗，只会一步步地增加。最终也会获得令人满意的数字。我从法语跳到电影，再到媒体，之后到瑜伽。很多人都觉得我敢于挑战零起点。但我自己从来不觉得自己是零起点。我每一步的付出所获得的经验保障了我不会从零开始。人的一生，工作可以更换甚至辞职创业，但是个人品牌和经验却是一个不断打造，并陪伴终生的目标。而其间能力，是一切的核心，是硬道理。所谓的能力又是什么？能力是充分的准备，清晰准确地发挥，不遗余力的投入。

进入桦榭集团

20 世纪 90 年代，法国桦榭出版集团在中国有两本合作刊物：《健康之友》《ELLE —世界时装之苑》。《ELLE —世界时装之苑》与上海译文出版社合作，所有编辑工作由中方负责。法国只有亚太区艺术总监 Jane 与他们进行时装页方面的审核与督导。《健康之友》是与国家体育总局合作。编辑工作由编辑部原班人马操作，法方派一个编辑负责人和个别编辑参与。

法国开始寻找一位中国区编辑负责人。我的好朋友肖彦当时在香港桦榭工作，她知道我有很深的杂志情结，得到这个信息后，热情向桦榭举荐了我。已经在法国电视台工作两年，做了很多选题，跑遍了大江南北，可谓轻车熟路。但我很清楚，未来的发展只是我在记者站记者这个角色上越做越好，因为我的亚裔背景，却不可能升为亚洲记者站站长。我的目标是做决策人，而不是做重复的事。能够进入国际最大的消费类杂志集团担任要职，对我来说，这是一个天赐良机。

亚太区艺术总监 Jane 是一个教母级的时尚人物，当时她负责中国区编辑的相关事宜。Jane 面试后，对中国区总经理曹伟明说，北京的编辑负责人找到了。曹伟明是一个很冷静也很绅士的人，记得第一次见他，他淡淡地说"既然他们让你来，你就试试吧"，我明显感觉到，他对我没有任何信任。

北京的桦榭办公室里没什么人，负责中国业务的总经理和财务总监都在香港工作，国内北京、上海各有一个办公室。上海是发行及广告人员；北京是市场和编辑部，由我负责。

我是作为《健康之友》执行主编进入桦榭的。法国总部对我这个职位的要求是，这个人要有记者经验，要懂法语。那时候的外资企业最重视的是跨文化沟通，香港方面已经有了整个团队在做这本杂志的经营，他们需要在大陆能有一个人在内容上进行改革，以保证杂志符合市场及广告客户的需求。以前在法国高商 MBA 文凭和法国媒体的从业经历，保证了我不仅在语言上能够胜任，更可以在逻辑上与上级有深层次的沟通。

《健康之友》：零经验主编

我们常常期待机会的降临，但很少去想一旦机会来临，你是不是有能力和方法去把握好机会。在我看来，勤奋付出和智慧的双匹配才能够真正让机会成为命运。

我是一个从来没有编辑部经历的"执行主编"。上任的第一件事，我把版权页上所有的头衔看一遍，试图弄清楚编辑部内的角色基本架构，比如执行主编和编辑部主任的分工有什么不同。第二件事，我的角色和意义。入职前我获得的信息是杂志内容风格不统一，需要与中方编辑团队协调内容部分，争取多放入满足客户需要的内容。《健康之友》这本杂志创刊于 20 世纪 90 年代初，是一本大众医学类杂志。当时的主编是朱钦芦老师，编辑部里其他成员也都是老编辑部同事，一支非常成熟的编辑团队。见面的时候，所有人对我都有质疑，他们不理解一个一天编辑部都没有待过的人，仅凭几个文凭和一点海外经验，怎么能做这本杂志的执行主编。

那时候的《健康之友》很像《家庭医生》，不能满足桦榭方面迎合广告客户的需求。在我之前，法方会在杂志里生硬地放一些适合年轻人看的页面，但编辑权在中方编辑部，双方永远纠结于接受或否定这些问题。双方的讨论、协商、较量不停地上演，编辑部工作环境很复杂。显然，从一开始我就是在两个婆婆的环境下工作。桦榭对我的要求是跟现编辑部合作，把杂志按照运营需求改进。我被看中，很重要的原因就是因为我有丰富的与中方打交道的经验，他们觉得我可以满足这个协调人的角色，让事情能顺利地执行下去。

接受任务后做的第一件事情，就是加强自己可领导的团队力量。我着手寻找一个真正的编辑部主任。我是外行，但手下得有一个内行，而且要完全为我工作。我发动所有的朋友帮助我找这么一个人，最后找到了一个叫赵聪慧的女孩子。她比我大几岁，很美很女人，媒体工作经验极其丰富，并担任过编辑部主任的工作。聪慧刚开始对我这个上级也是带着怀疑态度，但这个平台很好让她不能拒绝。很快，聪慧就进入了角色。香港聘用了一位台湾女孩小梁，负责时尚版面的内容。我还需要一个编辑。这个人选题要棒，文字也要好，我想到我的朋友刘仪伟。1998 年和刘仪伟认识后成为很好的朋友，他对媒体熟，又有非常好的市场嗅觉。为桦榭做媒体分析报告时也是请他帮忙。当时他以《天下美食》和《刘仪伟谈恋爱》很火，《时尚》杂志的专栏作家。我说："刘仪伟，来帮帮我！"他说好，很快就作为编辑部一员的身份跟我们一起参加选题会。

就这样，我，聪慧，刘仪伟，小梁开始了工作。中方编辑部对聪慧非常热情，对刘仪伟很意外。我很明显地感觉到，我的下属是

2002 年，与好友刘仪伟合影。

被团队接受的，但我自己却不被认可。聪慧的确比我更了解编辑工作，但我必须在最短的时间内成为真正的主管，而不是依附于我的下属。

怎么才能从不懂到精通呢？没有什么捷径，我只有将流程上的环节亲自走一遍。

那段时间，白天各种各样的工作缠身，晚上等大家都走了，我再开始做选题、改稿子、重写标题、校对打样……通宵是家常便饭，一般都是晚上8点钟，办公室静了，我开始在那儿安安静静地看稿。那时，《健康之友》杂志中法双方有一个协议，所有的稿子双方需要共同确认。工作中，无论是中方的，还是我们这边的稿子，经常会有一些稿子我认为不够好，需要调整。我一贯坚持有破有立的原则。说"不"的时候，要同时提出"是"。不能只说别人不行，还要把行的拿出来给大家看。虽然当时我请聪慧来为我把关稿件，但我自己从来没有放弃过，因为我要成为这本杂志真正的掌控者。那时候，每篇文章我都亲自看，每篇文章都亲自改，每个栏目都亲自做一堆选题。

为了加强杂志知名度，我决定在杂志里设置名人专栏。当时好朋友吕乐正在导演他的实验电影《小说》，内容是一群名作家们在一起讨论文学的故事。他把那个时期的当代名作家集中到四川，这批作家里有王朔、陈村、赵玫、薛白……得吕乐之便，我也来到摄制组，想借这个机会跟大家约稿。面对一群中国顶尖文人，我没有任何障碍地提出自己的要求。王朔说："尹岩，你们一本女性杂志，就是个狐狸窝，我们能给你们杂志写什么啊？"当时我把这本杂志看得特别重，听到他这样说《健康之友》，很气愤和伤心，竟然当着那么多人的面，眼泪就下来了。王朔一看慌了，"别哭别哭，我把话收回来"。后来他跟吕乐说，尹岩可太有意思了，没想到还有对工作这么真诚的人。的确，所有人都被我的真诚（或者眼泪）打动了，都同意给我写专栏。中方编辑部见我约来这么多名作家专稿，也由此开始对我刮目相看。

卷首语是确定我地位的阵营。在朱老师和编辑部看来，我是一个被法方安上来的主编，并不是一个写字的人。不过朱老师是一个典型的知识分子，虽然他觉得我根本没资格写卷首语，还是很客气地问我："你看这卷首语……"我接过话由，"我来写"。有些关键的地方是一定要掌握的。很多年不写字了，笔很涩。那篇卷首语千余字，我写了十天，每天工作完了以后就写，第二天看完再改一遍，有时候到凌晨三四点还在写，不计其数地改。截稿时，朱老师说："真没想到你文笔这么好。"我又赢得了一分认同。

为了尽快进入角色，做前几期杂志的时候，我基本都没有睡觉。经常早上七点从办公室回到住处，游会儿泳，蒸个桑拿，再游泳再蒸桑拿，就这么反复冰火刺激，然后精神抖擞，早上九点钟准时出现在办公室。那时，大概两三天才睡一觉。所有能做的工作，改稿子，做选题，包括流程编辑的校稿我都一点点在做。这样，在有限的几个星期中，我把流程编辑、校对、编辑、撰稿、主编全做了一遍，杂志行业的基本特点在我脑中清晰起来，入职两个月后，我已经完全进入主编状态，中方团队也开始接纳我的角色。

进入主编状态后，我发觉整本杂志看起来很不舒服。仅仅从选题及编辑风格上看，就包含好几代人的风格，视觉上也不统一。我觉得《健康之友》存在很大的问题，但却不知道问题在哪。我又找到熊晓鸽，那时候他已经为《时尚》引进美国杂志 COSMO，并成为《时尚》杂志社合作方了。熊晓鸽看了杂志后对我说："你看啊，你这本杂志，一部分内容是医学，一部分是时尚，一部分给 20 岁人看，一部分给 50 岁人看，非驴非马。你要考虑一下定位，现在这样，杂志是做不出来的。"他第一次明确地告诉我要重新考虑杂志定位。《健康之友》是双重面孔，而且是两张不相容的面孔，我必须确定这本杂志给谁看，把它做成一张面孔。熊晓鸽的一席话让我豁然开朗。回到编辑部，我马上向亚太区提出只有改版，重新定位才是这本杂志的唯一出路。得到亚太区总部应允后，我开始全力投入到《健康之友》改版方案工作中。集团向我提供了国际调查公司发布的《亚洲女性行为调查报告》，以这个报告的行为描述及分类为参考，同时找出当初在 Marie Claire 工作时保留的杂志分析模板，经过研究和分析，我将新的定位设定为针对年轻人群的时尚类健康杂志。根据新的定位，进行了改版方案撰写，其中有读者群分析，广告客户分析，栏目设计，每个栏目的栏位定位描述，杂志的倡导用语等。文案全面清晰，并以专业的 PPT 形式展现。

为了这个方案，我不知道熬了多少个夜晚，把在 MBA 的学习记忆，Marie Claire 工作的经验和技巧都用上了。其实当时桦榭对我这个岗位的要求协调人性质大于主编性质。改版及定位方面，没有人要求我这么做，也没有人期望我能做这样的事情，但我选择"既在其位，必谋其政"的态度，并将其视为一个事业发展的良机，不容许自己有任何的怠慢，我也希望通过这个自发的行为可以让法国总部看到我的潜力。改版方案在第一时间就得到中法双方管理层及广告部门、编辑部门的极大认同，于是决定从 2000 年的第一期正式启用。

策划案后，是真正的内容工作。我又面临一个新的问题。杂志的视觉我无法掌握。当时的国内媒体，除了《时尚》《ELLE》之外，大部分还是传统的文章为主，视觉角色很少，很少考虑版式设计。为了保障《健康之友》的时尚感，所有的美编工作由香港团队完成。我们需要将文章发过去，他们配图，排版，再发回我们校对。网络还不太发达，所有文件都是以快递或长途传真进行，其中也发生很多沟通的反复，每月还有一个香港美编带着笔记本电脑飞过来，将所有校对出的错误现场改正，劳民伤财。更严重者，我们编辑部没有任何人可以对视觉风格及配图发表意见，因此也产生很大矛盾。

为了更好地解决这个问题，需要在北京建立美编室，彻底将视觉掌控权拿过来。但这在当时是比"动奶酪"还大的事情。我采取了曲线救国方式。先向香港申请一个美编人员，用于校对产生的所有修订工作。这个要求很符合节约成本提高效率的原则，也没有触及香港排版的敏感问题，所以很快获得批准。

只是，这个改字的美编确是实施步骤的关键人物了，经刘仪伟介绍，龚焕到位。龚焕是中央美院硕士，一门心思要做平面设计。在改字的工作之余，我和龚焕一起偷偷地开始了视觉改版方案。大原则，放弃现《健康之友》中《ELLE》美编风格中的强烈对比和反差，寻找一种平静和谐的风格。我选中桦榭集团中一本大众生活类杂志《FEMINA》（也即现在的《伊周》母版杂志）为视觉样版。

我是 1999 年 7 月份入职桦榭，10 月份我就开始了如火如荼的改版工作，并获得改版方案的通过。11 月底，亚太区总裁 Christine 来京巡查。我们把所有的新刊版面都抢出来，打印成彩色复印件放在一个塑料文件夹中。办公室里，我将这本打印的新刊放到 Christine 的面前："这是新版，是这边的美编完成的，我认为这更符合我对这份杂志的视觉需求。"Christine 当场非常欣喜："非常好。"我便趁热打铁："那就把美编工作拿到北京做吧。"Christine "好！"《健康之友》视觉"主权"在短短的十分钟内落下帷幕。

2000 年第一期，《健康之友》以全新面目上市，好评如潮。法国总部开始重点培养我，为我安排两周的巴黎编辑培训，由巴黎总部女刊编辑总监亲自带着我，选题来源，导语或小标题使用技巧，阅读通道的设计，视觉栏目操作流程，排版要素等……让我真正得到了一个"科班"教育，也为以后的主编工作打下了非常好的基础。改版后的《健康之友》在短短的一年里发行翻两番，广告翻三番，且后劲无穷。《健康之友》新的定位延续至今。中国区总经理曹伟明也由当初的观望变成认可，成为我日后工作中不遗余力的支持者。通过《健康之友》的改版行动，我在法国桦榭的地位开始凸显出来，我也获得更多的机会和更大的器重。

只是，从那个时候起，招聘我进入桦榭的 Jane（亚太区艺术总监）开始对我另有看法了。因为香港美编工作是在她的职务范围内，而我动了她的奶酪。

第五章

穿 **Prada** 的女魔头

2003 年，全球独家采访 John Galiano 时期，与 John 在 Dior 高级时装秀排演现场。

我一向认为，真正的时尚与金钱无关。真正的时尚应该是"道"。它是血液里的精神，是对世界的另一个看法，是在时代趋势中的行为，这里面有生活方式、生命态度和对生命的追求。

抢来的机会——入主《ELLE》

我猜想，如果不是我自己讲述出来，没有人相信《ELLE》主编位置是我抢来的，但事实就是这样。

2000 年，《时尚》与美国 COSMO 的合作，大大提升了他们的市场竞争力，而在主编高晓红掌门的编辑内容上，也针对白领职场和情感生活进行很多探索，在内容上受到越来越多的读者追捧。相比下，《ELLE》却出现法国鲜艳的时尚页与过于老套的编辑内容之间的矛盾。这不仅不能满足读者的需要，同时杂志本身的广告投放环境也非常杂乱，引起广告客户不满。由于《健康之友》中的工作角色，我与中国区负责人曹伟明和亚太区，甚至法国总部的大老板的沟通都走上了正轨，不再是孤孤零零在国内做事儿的人了，我成为桦榭中国区的关键人物之一，又因北京的特殊地理位置，我也开始

2001 年,《ELLE》编辑部　尹岩（前右）　叶路（上海译文出版社总编）（前左）　Chancy（美容总编）　吴迪（编辑部主任）　薛丽（资深编辑）　Fanny（时装编辑）　孙洁（专题编辑）　胡宇华（美容编辑）　魏丹（时装编辑）　谢立（资深编辑）　张慧（流程编辑）。

进入到《健康之友》之外的一些政府公关协调的角色。工作中，我得知《ELLE》与上海译文出版社的合同要到期了，续签条件中，法国方面提出由他们选派主编，让《ELLE》东山再起。这时的《健康之友》虽然还是两套人马在磨合，但情况已经完全改观了，编辑工作进展总体比较顺利。所以当听说《ELLE》有可能编辑改组时，我欣喜若狂，向曹伟明毛遂自荐："我有没有机会做《ELLE》？"曹伟

明很明确地回答："不可能。《ELLE》不像《健康之友》，它太重要
了。由总部直接选拔。"我了解到总部当时全球寻找能够掌管《ELLE》
中国版的人，而我根本不在考虑人选内。Jane是人选的主要负责人，
我让《健康之友》脱离了她的控制，这件事情让她对我很警惕。所以，
取得Jane的支持简直是痴心妄想。

　　要将死局变活，必须撬开一条缝。而这条缝，就是谁懂得中国读
者要读什么。我用一个月时间默默地准备《ELLE》中国版策划。我先
将当初回国时带回来的所有《MAIRE CLAIRE》工作期间的资料全部
拿出来，像备考一样研究学习，用其中《MARIE CLAIRE》与竞争女
刊《VOGUE》与《ELLE》的定位进行比较，沥出《ELLE》的准确定位；
随后，进入《ELLE》中文版市场分析，将《ELLE》中国版杂志，《时尚》
杂志等当时所有女刊，翻出通阅，进行《ELLE》中国版在中国的竞
刊分析和整个中国女刊的市场调查；接着，我按照《MARIE CLAIRE》
文件中的编辑策划模板，以《ELLE》定位为核心，进行《ELLE》中
国版内容策划。最后我以"如果我做《ELLE》主编"为文档名，将
整本杂志的栏目策划详细描述出来。我相信，在我之前，没有任何一
个人选能够具体告诉桦榭集团，现在的中国市场是什么样，中国读者
是什么样，未来的《ELLE》中国版会是什么样，而我给出了全套分
析设想，包括未来的团队构架。在方案中，我旗帜鲜明地明确了新版
《ELLE》口号，在3S（Stylish，Sperit，Sentuel）精神下，让这本杂志成
为一个引领中国年轻女性新生活，新思潮，承担时尚与中国读者之间
桥梁的杂志。我的野心和抱负也都在里面。这个方案是我在《MARIE

CLAIRE》的经历和《健康之友》经历高度融合所成。2000 年 10 月底，在我入职法国桦榭 15 个月后，我将《ELLE》中国版策划案以中法双语寄给中国区总经理曹伟明，亚太区总监 Christine 以及法国总部。

2000 年底，曹伟明通知我："总部决定，由你担任《ELLE》的主编，同时监管《健康之友》。"天大的喜讯！

连轴转的《ELLE》

就这样，《ELLE》的掌门机会在不可能的前提下成为了现实。2001 年 1 月，我正式上任《ELLE》中文版主编，自此，进入了媒体事业的巅峰时期。在《ELLE》的那些年，我真的是百分之百的桦榭人，绝对地全力以赴。家在北京，我用公司的住房补贴在上海租了一间酒店公寓，开始了长达 30 个月的"出差"生涯，每周一第一班航班，北京飞往上海，每周五最后一个航班，上海飞往北京，其间还夹杂着各种公差旅行，国际培训，客户全球活动。笛笛当年 7 岁，正值小学一年级。没有时间照顾她，就狠狠心把她送到长城脚下的寄宿学校。每个周末，我都尽量飞回她的身边，不能保证接她，但却在每个周日的晚上亲自开车送她返校。那是我每周最难受的时刻。笛笛非常懂事，从来不抗拒，不哭闹。只是，当我送她到宿舍楼时，她总是在门口，随着转门转出来，让她进去，她听话地进去，还没等我转过身来，她又转出来。反复几次，我做出严厉状，她便躲在转门后不再出来。无论春夏秋冬，我都是在最后时刻送她返校。天色总是沉的。校园的楼群黑黢黢的一片，只有黄黄的路灯。笛笛小小的身影就在黑暗中的点点光亮中立着，向我倾诉无声的不舍和呼唤。每一次硬起心肠转身离去，我的眼泪总会涌出来。我曾经把笛笛拥在怀里，对她说：给妈妈两年，两年的时间，妈妈一定回到你身边，不再让你留在寄宿学校。笛笛很懂事贴心，她点头答应，并在小小的年纪真的就这样去遵守她的承诺。甚至，她也开始融入到我的事业思维中。带着她在周末闲逛，每经过一个报摊，我都会问《ELLE》走得好不好，笛笛竟然会在我后边补一句，"那《时尚》呢？"最让人心疼的，每每她请求我为她做点什么，她都会先问："妈妈，不影响你的工作吧？"我真的觉得很内疚，让小小的女儿如此来分担我的事业。但，当时真的只有一个念头，和团队一起，让《ELLE》成为中国时尚的旗帜。我们甚至还想出一个更加狂妄的口号："什么是时尚，《ELLE》说了算。"

无论是 24 小时的作息，还是每分每秒的精力分配，《ELLE》成为我的全部。带着所有的激情和抱负，面向各种来自自身和外界的挑战，意气风发，跨越每一个苦难，收获每一分成就。在《ELLE》的那几年，我和我的团队用一个个的勤勤恳恳换来了很多不可思议的故事。

意气风发的《ELLE》和我

2001 年上任之后，我做的第一件事就是组建新团队。邀请的第一个人是当时在戴·比尔斯任职的吴迪。吴迪是我在《健康之友》时期就合作过的撰稿人，当时她和刘仪伟同时是《时尚》高晓红的主力撰稿人。我很喜欢吴迪的文字。有着海外留学背景的她，对于市井生活思潮敏锐犀利，总有一种独特的角度切入话题，既创造了与读者的众多触点，又可以以略高的角度和更大的视野进一步诠释。她尤其擅长情感主题，她在《ELLE》的情感专栏《ASK WUDI》以直白的坦荡、一针见血和不留情面，赢得读者的热捧。薛莉也是团队中的主要分子。她是《上海滩》的资深编辑，标准的文艺青年，文笔隽秀；两位应届毕业生：复旦大学的孙洁，上海大学的胡宇华，老团队中一直给 Jane 做助手的时装编辑 Fanny 和美容编辑 Chancy。新的团队是一支充满创造力的团队。

将《ELLE》打造成中国时尚生活的旗帜和平台是我当时非常明确的理想。在我看来，香衣美女，大家当然都喜欢看，但仅有香衣美女并不能成为一种流畅的旋律。《世界时装之苑——ELLE》所提供的应该不止这些。在借助《ELLE》一贯的时尚潮流趋势之外，我野心勃勃的希望，它是一个能够提供灵感和启发的杂志，能够真正在当代女性生活方式和精神方面引领潮流，正如同母版《ELLE》，为法国女人带来了思想自由的风潮。我希望，《ELLE》就是生活本身，《ELLE》就是快乐，《ELLE》就是激情，《ELLE》就是自由。"特别企划"、"《ELLE》主张"是新《ELLE》生活宣言的主要舞台。我们策划了一系列新生活新态度的话题。《单身流行》（2001 年第六期），《新世纪单身女人的新姿态》《新游戏规则》《新玫瑰色生活》。《工作请让路！》（2002 年第 8期），《成功＝选择》（2002 年第四期）提出"很多时候我们必须学会做减法的论点。"《我们的地球——环保，作为一种生活方式》（2001

年第 8 期),《个性,从喜欢自己开始》(2001 年 12 期),《把艺术品买回家》(2002 年第 7 期)……在女人的情感世界里,在以自由、独立、自信的女人态度宗旨下,我们捕捉当代思想潮流,推出一系列非常规情感选题,《养花养草养老公》(2001 年第 8 期)第一次为女人的"倒贴"正名,提出当这个社会无所谓谁养谁了,大家都能自然对待,那才是真正的解脱和解放。对女人如此,对男人也是如此。《阻截爱无能扩散》(2002 年第 3 期),《喜出"网"外,今天我要嫁给你》(2002 年第 2 期),《有一种女人精神单身》(2002 年第 6 期),《美男当道》(2002 年八月刊)等文章诠释新 "METRO SEXTUAL" 潮流,《Party 王后谁与争锋》(2001 年第 12 期)。人物选择上,一反一贯的明星人物,将新女性代表,独立个性推上人物专栏。关于《全身投入 "拯救华南虎"》的第一篇报道出现在《ELLE》2001 年第 5 期。

　　我在编辑部的工作中一向主张编辑重点在于选题及编辑技巧,同时发展外围撰稿人才。我本身是绝对不能接受全国上百万读者读的是编辑部中经历局限的编辑们的文字。在《ELLE》时期,我们开发培养了大批合作者。2001 年 4 月,我们邀请几米开辟专栏《感与悟》,以诗配插图形式代言寂寞城市,受到极大追捧。这个专栏一直开到 2002 年底,几米因《向左走,向右走》红遍整个大江南北。

　　读者对《ELLE》的改变反应热烈,纷纷来信:如果说一开始"她"吸引我的是因为她的外在,那现在的她吸引我是因为她的内涵了。《ELLE》不单纯是一本时装杂志,她更是我享受生活,热爱生活的指南。

　　时装及趋势是《ELLE》杂志中最重要的元素,将《ELLE》中文版打造成中国的一面时尚旗帜，时尚敏感度和专业性是关键。进驻《ELLE》之后，迅速为团队时装扫盲于我是一件非常重要的事情。为了打开眼界，担任主编之后，我很快要求去巴黎参加时装秀。编辑部没有这笔预算，我只要求公司提供经济舱机票，巴黎住宿我自己解决。2001年9月，我带着时装编辑Fanny来到巴黎。我们是中国媒体中第一个参加巴黎时装秀的。在巴黎，我们住在我自己巴黎的家里，出门工作只乘地铁。当时中国的奢侈品市场还没有成长起来，作为第一个首次出现在时装秀的中国媒体，我们实际上是很不受重视的，能够找到的发布会请柬大都是卢浮宫外的不重要的场次，只有一场是在卢浮宫，而且还是候补票，几乎没有大品牌。我们珍惜每一场时装秀。现在，随着中国市场跃居奢侈品消费国际榜首，中国媒体也得到众品牌青睐，现在的中国时尚编辑在秀场地位是很高的，最好的发布会，最好的位置。变化真是太大了。现在拍一组模特大片，很容易就会得到上百双鞋，上百件衣服的品牌支持。当年拍摄时，即使拍摄明星也很难从品牌那里借到服装。当时的我们真的就像在南泥湾开荒。

2001年的中国，本土设计师寥寥无几。当时中国时尚界正是一个初期酝酿的阶段，国际舆论氛围普遍觉得中国没有设计师。虽然中国时装周已经进行了三年，但是《ELLE》从来没有关注过，没有编辑到场，更没有任何报道。巴黎时装秀后，2011年11月，我亲自参加中国时装秀，感性认识中国时装设计。我来到时装周现场提出参加时，组委会惊讶之外非常欣喜。也是借这个机会，我有幸第一次直观中国本土设计师的探索和努力。我认为《ELLE》中国版是中国的时尚平台，这个平台必须给中国设计师机会。

2002 年第 3 期，在其他杂志纷纷做世界设计师的时候，我带领《ELLE》团队启动中国设计师封神榜。我们从参加中国时装周的设计师中选拔了 6 位设计师作为代表：他们是：祁刚，胡晓明，朱琳，梁子，姚峰，邓皓。并以排榜方式勾勒了中国时装界大事记，代表人物，各项奖项等。在国际性时尚媒体第一次为中国时尚界做了一个全景图。

我眼中的《ELLE》和时尚

在众多的时尚女刊中，我最爱《ELLE》，不仅是因为我曾经是《ELLE》的主编，更是因为《ELLE》定位中的"她"。《VOGU》的先锋前沿地位无人可敌，却太具有进攻性和自我至上的概念；《COSMO》漂亮偏于市井媚俗，《MARIE CLAIRE》行为中性，概念先行，不够丰润轻灵；《MADAME FIGARO》过于资产阶级，安逸传统；《HAPPES BAZAAR》珠光宝气下难逃物欲横流。唯有《ELLE》，可以美丽着，蛊惑着，同时又是独立着，超脱着，自由如风。如精灵，在你的心中和视野里，却永远不会在你的手里。她的创造力，不是在鼓噪中，而是在敏感的心意和优雅的品位中，她的时尚不是用物质财富堆积出来的，而是仰仗个人的精神追求与能力。

做时尚类的杂志也是一个非常享受生活的过程。工作本身就是去了解流行思潮，了解设计理念，进入到社会潮流最前沿，报道最令人昏眩的创作。时尚类工作对从业人员的心理有很大的挑战，它很容易把人推向拜金主义，它的"我是世界的中心"的假象也容易让人浮躁自大。如果能够抵抗住这些负面的元素，保持一种积淀后的时尚类编辑工作态度，那将会是一个出色的自我成长。

从担任《ELLE》主编至今，我一向认为，真正的时尚，与金钱无关。真正的时尚精髓不是拜金主义，而是一种态度和行为。时尚，神多过于形。它是品位，是眼界，是个性，是思想，是追求。时尚不是华丽的外表，它是潮流，它是"L'air du temps"的时代之风。每年的春秋两季时装发布会，貌似众多设计师在打造时装美容潮流，实际上他们所有设计都根基于以社会学为基本的社会时尚学的研究，他们只是用时装和彩妆诠释一种时代思潮罢了。所有追随当季流行的人，都仅仅是潮人，他们的时尚层次仅是"术"，真正的时尚应该是"道"。它是血液里的精神，是对世界的另一个看法，是在时代趋势中的行为，这里面有生活方式，生活态度和对生命的追求。时装仅是一个附体的表皮，如同我们的存活立足于能量，依赖于筋骨，表现为五官表皮。真正的时尚，应该是现代精神的香精，而不是被稀释了的香氛流于形式。真正的时尚人应该是一个能够启发和给予灵感的人。她不仅具有品位和知识，更重要的是具有时尚的态度和境界。

我会经常被问及最崇拜的女人是谁，我总是回答：Coco Channel。对我而来，Coco Chanel 就是时尚的代表和化身。她无穷无尽的创造力，她低调的极尽奢华，她特立独行的行为，她永远沸腾的激情与浪漫，她的坚韧不拔和全力以赴，她对自由的无条件推崇与追求……"骄傲的人只知道一种至高的利益，那就是自由！"什么样的精神状态可以出此豪言。

2011 年，参观上海举办的大型 CHANEL 展览，走出上海当代艺术馆，夜色中，CHANEL 展灯箱格外瞩目，CHANEL 的经典照黑白分明在那里，中性的穿着，尽显女性妩媚的珠宝，双手插兜，只是，坚韧的唇间那只香烟不见了。似乎将她的态度抽空，让这个著名的侧面失去原有的态度，平添几分刻薄。

Chanel 的这幅经典照一直被认作 CHANEL 的代言。她代言了完全自由的态度，CHANEL 的态度。这个政府化的处理却恰恰成为今天国内时尚的写照。在 CHANEL 里，我们只能看到 Chanel 的披挂，却没有了 Chanel 态度的踪影。于是，在没有了 CHANEL 的高调精神之后，低调奢华反而成为一个高调的标签。

达利说：Chanel 的身体与心灵是最完美的穿着……

这才是真正的时尚！

《ELLE》风云：中国钻石明星链

健康的麦芽色，一头黑黑的长发，用卷发器卷起，再梳开，蓬蓬地垂在背后，一件白色男士短袖衬衫，肥肥地挂在消瘦的躯体上，空荡荡的垂落着，让人不禁留恋那层空落中的性感；一件粗针黄色毛衣，随意搭在一侧的肩上，同样的黄色手绢拢过浓发在头上打出一个漂亮的发结，面容秀丽的女孩子微低着头，嘴唇无意地嘟起，美丽的眼睛躲在老祖母的眼睛后边，沉浸在自己的世界里。画面上是我们日常生活中常见的元素，通过不同常理的组合，形成了一个从未见过的时尚LOOK。这是 1988 年《ELLE》中国版创刊号的中国主题：《纯白的诱惑》。

在初期的《ELLE》，每一期都会有在中国本地拍摄的图片。黑白格套装，黑灰的自行车队列，醒目的白手套，鲜艳的红帽子；白色刺绣上衣，自然的妆容，一捧山花，从单色的草筐里蓬勃出来……Jane，在没有物质条件的情况下，用我们司空见惯的市井元素，简简单单地演绎出东方风情。追求时尚不需要必需的物质条件，《ELLE》在中国入市的第一天，就发出了这样的宣言。

《ELLE》的最大魅力在于她的时尚视觉图片。在很强烈的原创及本地化意识下，我不仅在内容上，在视觉上也开始追求中国制作。而这种追求直接导致了我和《ELLE》亚太区艺术总监 Jane 的直接冲突。担任主编之后，我被要求中国版除了个别的人物及新闻式图片外，不能进行任何视觉上的操作。所有的视觉核心栏目如封面，时装大片，美容大片，视觉策划等都只能沿用外刊版权。亚洲面孔栏目只能使用中国香港、台湾地区，新加坡版的图片。我希望中国版也能进入自己的本版操作，每每这时候，Jane 总是用一个句式回复我："你们大陆人不行。""你们大陆人做不出来。"无论是从模特化妆师到摄影师，打破这个僵局成为我当时的一大梦魇。

第一次的挑战是 2001 年 7 月，策划 2001 年第 10 期，也是在这一期，我经历了《ELLE》时期的最大磨砺。

我主编的第一本《ELLE》是 2001 年第 4 期。在进行了 4 期的团队磨合，熟悉《ELLE》编辑工作之后，我开始寻找一个更轰动的

担任《ELLE》主编时期与亚太区艺术监 Jane 合影。

方式为《ELLE》做一个响亮的亮相。每年的第一期或最后一期都是最好的时期，但我觉得太远了。十月号将是第 88 期，也是一个吉祥数字，于是申请，将 88 期作为重点期号，并围绕其做一个大的策划。

在巴黎生活期间，恰逢《ELLE》50 岁生日。法国版《ELLE》做了非常大的策划，从四个唯美的明星封面，到创意震撼的视觉专题，荟萃法国社会文化艺术界精英名流，都给我留下深刻印象。于是，我决定在 88 期也如法炮制，将中国最著名的文化艺术面孔在杂志内集体亮相，以前所未有的创意方式，打造《ELLE》无可动摇的时尚引领地位。

杂志的封面第一人选当然是巩俐。介于和巩俐很好的私人关系，我第一时间联系到巩俐。当时她在云南拍摄《周渔的火车》。档期很紧，巩俐一口答应，但具体细节必须和导演孙周商量。在她的协调下，孙周回复："尹岩，给你一整天，你们要保证拍摄成功，巩俐满意。"满口答应后，确定8月6日在昆明开拍。于是，新加坡摄影师，香港发型化妆师，各大品牌秋冬发布会部分时装也分别从巴黎、米兰、纽约运抵香港。一切就绪，谁知好事多磨，8月3日，《周渔的火车》剧组巩俐所乘的汽车发生车祸，一时间，各大媒体纷纷炒作报道，一时闹得人心惶惶。我马上与巩俐联系，得知只是轻伤。需要将拍摄调后至10日。只是，我们的工作人员来自世界各地，一改时间让大家措手不及。个别主创人员只好临时改组。

紧接着的另一个策划，则是一个更加大胆的设计，我要做一个中国钻石明星链。荟萃中国文化、艺术、体育领域的最著名明星。当时设计的是共有六个跨页。每个跨页是一个领域的顶级面孔。电影明星，电视主持人，奥运冠军，T台名模，舞蹈艺术家和流行歌唱家。

这是一个纯粹用视觉表现的主题策划。面临的最大问题是根本不可能将国内一线面孔同时间聚在一起拍摄，必须是分别操作合成。于是，首要的条件是有一个统一的视觉策划。

方案提出后，巩俐的封面及采访得到Jane非常热情的响应，但是，关于明星链，Jane提出："谁来做？"我试探的回答："你帮我们来操作？""不可能！做不出来！你不要异想天开！哪里能找来这么多明星？谁来拍？"我试探地回答："那我来做。"Jane"不行，你们大陆人做不出来。"再次被否定后，我决定，中国团队自己操作。反复考虑之后，我明确必须找到一个可以担任视觉策划的摄影师，这样他就可以带着自己的构思统一完成。于是，一个拥有国际视角和创意眼界，具有摄影技能，并有艺术家疯狂的特质是这组片子必须具备的人选。扫描大脑里的所有人脉，我锁定巴黎的摄影师朋友陈准。在巴黎时，我们除了是朋友之外，还共同参加过合拍片及广告片的合作，他在创作中的特立独行创意，工作中的投入与疯狂给我留下极深的印象，而他的摄影作品曾经荣登国际《PHOTO》杂志封面，这已经是他摄影技能的佐证。于是，马上电联远在巴黎的陈准。充满激情地游说他，告诉他在创意上的要求，不断地强调这件事情的前无古人，强调这件事情的唯一性。陈准听着很兴奋，说："好吧，我来。"

时装造型师的角色一向是Jane担任，编辑部的造型师一直是她的助手。为了保障这部片子的造型，我又将正在国内探亲，就读于法国高级时装学院的朋友李江弘请来帮忙。人选落实，我向中国区要制作预算。由于Jane的坚决反对，这个选题被冰封了。我找到中国区总经理曹伟明，恳请他支持这个选题。曹伟明说："尹岩，我只能给你调出三万，可以操作出来吗？"我说："好！"于是，在曹伟明的支持下，中国区违背亚太区的决定，我们开始了明星链操作。

陈准从巴黎启程了。飞机中午到达北京。我们约在中粮广场的星巴克见面。走近星巴克，等我见到他的时候，很久不见的陈准，坐在露天的椅子上，暖融融的太阳中，睡着了。仍然是永远不变的牛仔裤，灰色 T 恤衫，半百的牙帽。我走过去把他推醒。

"哦，你来了！"陈准标牌式的沙哑声音。

我坐下来，几乎没有家常，便直奔了主题。从那一刻起，我们俩紧锣密鼓，一起策划，怎么做，怎么拍，用什么方式。我一点都没敢告诉他这件事情背后的故事。然后，就直接开始找明星了。

明星们

编辑部经过讨论，将各个跨页的人选确认下来。下面一个最艰难的工作是明星约访。于是，上海《ELLE》编辑部，北京《健康之友》编辑部全部被我发动起来，开始安排约见。主持人杨澜，鲁豫，水均益，黄健翔，都比较顺利；舞蹈家黄豆豆，歌唱家朱哲琴，T台名模更是没有任何悬念，一个一个的明星操作过去。电影和奥运冠军是两块最硬的骨头。2001 年，中国的一线最耀眼的明星：巩俐，章子怡，宁静，周迅。发动我的电影人脉，我开始上路。第一个确定的明星是宁静，我的一个好朋友跟宁静很熟，她很爽快地答应了，当时她正好在北京影棚拍《红河谷》的部分戏份。然后是巩俐，我跟巩俐描述这组大片的策划，她表示没问题，只是时间上实在难以再调出一个时间，只能是拍封面时顺拍。

接下来是章子怡。编辑部先跟章子怡的经纪人联系，被经纪人拒绝了。章子怡那时在内蒙古自治区《英雄》片场。联系周迅，李少红坚持周迅只能单独拍，不上群像。我亲自打了很多电话，跟她解释有巩俐、章子怡等，她仍然坚持。伏明霞比赛在即，在武汉训练，杜绝一切干扰，田亮仍在切磋，等消息。经过一番努力，团队静寂下来，无力可施。看到最大含金量的跨页滑向流产，我开始惶惶不可终日。

那时，整个《ELLE》市场及广告团队知道我要做这组图片，囊括当时中国大陆的明星大腕，都处于一种兴奋状态，大家都知道，这么多明星，是一个可以与市场及广告操作联动的绝佳策划。但当时，Jane坚决反对，反复强调根本拍不出来，没有人敢向客户提及此内容，更不要说进行相关广告操作。曹伟明顶着巨大压力，暗中尽可能支持，却不敢面对话题。艰难的操作，也给团队带来了很大的压力和工作量，而遇到挫折后，部分团队成员也退避观望了。随着时间的推移，工作的进一步进行，我越来越深地陷于孤军奋战的困境，仿佛置身在一个法庭，上方的法官，下面的听众席。我立在被告席上，别无退路。

我咬紧牙，对自己说："尹岩，坚持，冲过去！"我开始亲自一个个去攻克不可能。

第一个需要攻克的，是章子怡的不可能。那时，章子怡的经纪人还是曾敬超，也是我在巴黎认识的台湾朋友。晚上9点了，我又一次拨通他的电话：我需要子怡，要不我的选题就黄了。他说："真的没有办法，尹岩，现在进度很紧，都是子怡的戏，导演不会让子怡走。"放下曾敬超的电话，我真的是热锅上的蚂蚁。第一次反问自己："尹岩，你为什么要给自己找这么大的压力？你为什么非要做这件事情？你为什么讨这么大的苦吃啊？你为什么自己把自己推向这个审判台？"我觉得自己要崩溃了，守在深夜的家里，一筹莫展。忽然间觉得是那样的委屈，眼泪不停地流下来。宣泄过后，平静下来，想这件事，我还是要无条件的坚持向下走。关键点：明星页：章子怡，奥运页：伏明霞。章子怡，我并没有做完最后的努力，我并没有直接找章子怡，也没有直接找张艺谋。已近凌晨1点，我直接拨通章子怡的电话。她刚拍完，还没入睡。我向她游说这组影片的绝无仅有，而这页则是中国当今银幕最红的排列，同时明确巩俐也将出现在这张图片中。当时的章子怡正是冉冉升起的银幕新星，她说，尹岩，我去和导演说。很快，章子怡复电：可以，我明天飞回来，你来接我吧。话音未落，我物理性地感觉到一块重重的大石头在我身上蒸发了，如释重负四个字真真切切地在我身上体现出来。很快，《健康之友》团队的龚焕也以同样的韧力攻下伏明霞。奥运明星也一一确认。最终人选，以最接近理想的方式落实。只有周迅，最终放弃，请来人气很旺的陶虹，快乐收尾。

自从被Jane斩钉截铁地拒绝后，明星链的拍摄我不再通告Jane。8月底，我到云南负责巩俐封面拍摄。我和Jane带领的国际团队一同到达。巩俐知道我和Jane的冲突，事先我们商量好，我的摄影师陈准同时到云南，就位，等到封面拍完，她会安排单独和陈准在一起，拍摄这组图片。于是，陈准同期飞到云南，在同一酒店的房间里候场。

拍摄封面时，我一直试图跟Jane沟通，说服她同意我们拍摄中国钻石明星链这组大片。她很坚决："你不要跟我说这个，不用想！这是不可能的！"

于是，一方面，我在片场协调封面的拍摄；另一方面，陈准在酒店候场。那次拍摄，我们带了 20 多套衣服，做了四个造型。每个造型的发型还非常复杂且耗时。片场上，我暗暗着急。巩俐看我着急，不停地安慰我说来得及。随着光线的变化，陈准的询问也越来越急迫。等到封面拍摄告罄，天色已晚。巩俐拍了一天，也特别累，重新补妆再拍，一是我觉得不好意思，二是拍摄后 Jane 总和我在一起，这么大的动作也瞒不过 Jane。我无奈地站在那里，心里极其愤懑。巩俐看在眼里，对我说："要不这样吧，你把拍的要求告诉我，我让剧组摄影师拍，然后给你寄过去。"我想也只能这样了。最后这张照片，到底是片场的剧照师帮她拍的。陈准当时气疯了。可想而知，一个著名摄影师，就因为要瞒着另一个人，被生生逼着在酒店里躲了一天，直到错过了所有可用的光线，他觉得简直是是可忍孰不可忍。

就这样，我和怒火冲天的陈准无功而返。

服装的问题

当时的中国，时尚消费品牌还没有起步。大陆门店都没有媒体样衣，中国区也不可能调配。拍这些多大牌明星，我们最现实的问题是竟然没有办法租借到合适的服装。没有办法只好硬着头皮想办法解决。比如，提供私人衣橱的品牌服装，明星自带服装，最后一招 PS 上去……很多情况下，我们找到一些款式还能用的衣服，就拿这些衣服将就拍了，再由陈准找到合适的图案做后期。以至于当时的后期真是做疯了。后来，当女儿笛笛去《VOGUE》杂志实习，带回拍摄时装大片的几排名牌服饰，数行各种式样的鞋，我真是感慨万千。中国的时尚发展，从杂志的大片操作已经可以看到天壤之别。

片子终于完成。一共是两套视觉方案，18个明星，6个跨页，历时2个月。一个噩梦结束了，新的噩梦又开始了。当时《ELLE》中国版的排版由香港美编负责。当这组图片在亚太区不知晓的情况下出现在香港美编组时，炸窝了。Jane拒绝发表这组图片。我跨过曹伟明、亚太区总裁，写了一封特别长的信直接寄到法国总部，同时抄送给他们，详尽解释照片里每个人的知名度（法国人除了巩俐，不知道任何人），这一组照片在中国的绝无仅有即将产生的影响力及关注，对于《ELLE》杂志在市场上的再崛起，重拾龙头地位是多么至关重要。当时Jane的最大借口是不符合《ELLE》风格，声称《ELLE》从来不用后期PS的照片。但在策划时，我已经准备好关于风格的所有对策。我对陈准的唯一要求是风格贴近法文版那组大片，制作手法必须严格按照法国版走，不能使用任何法国版没有使用过的技术手段。所以，当关于后期PS的指责过来时，我有充分的证据证明我们参考的法国版《ELLE》大量PS效果的片子，据理力争，这个问题不攻自破。

明星链最后由法国总部裁决了一个政治性的折中方案，6个跨页，枪毙两个，只上四个跨页。就是后来读者看到的杂志上的那部分。尽管如此，当时也引起了巨大的轰动。读者享受如此熟识的明星以不熟识的新鲜状态集中亮相，业内都惊叹《ELLE》的能量，把这么多明星聚在一起。而陈准也由这部片子奠定了他在国内时尚界的江湖地位，从此留在中国，成为了今天时尚摄影的霸主。在后来的几期，我又继续与陈准合作，以他的摄影造诣，挑战《ELLE》

中文版的大片制作。2001 年 11 月刊，第一组自己操作的时装大片；2001 年 12 月刊第一组自己操作的美容大片；2002 年 2 月刊中国设计师大片，打破 Jane 设定的一个个视觉操作禁区。由于我是主编，她是亚太区艺术总监，在不能达成共识时，我们之间的话语权就成为一切矛盾的焦点。最终形式就是做与不做，登与不登。当时的《ELLE》的排版全部在香港完成，即使我在制作过程中抗旨而行，在最后的排版时，我是无力操盘的。于是，每一期都为个别栏目的上与不上，如何登争论不休，自然也都上升到上层去定夺。那时候我和 Jane 的矛盾达到白热化程度，两个都不具备公司政治头脑的人就这样剑拔弩张，带着对《ELLE》一致的珍爱和创作激情较量着，争取着支持，搅动了从中国区到法国总部的整个高层。一个得力的主编，一个出色的艺术总监，无从裁决。陈准也成了 Jane 的梦魇。她不能听到陈准的名字，陈准拍的所有作品到香港排版时就要封杀。陈准也对 Jane 对抗渐生，他们俩也许至今都从未谋面。

　　Jane 操作这期巩俐的封面拍得非常漂亮。直到现在，我和巩俐见面时她还会提起这组片子，那是至今为止她自己最满意的一组片子。

　　2001 年 10 月号是《世界时装之苑——ELLE》88 期特刊，获得巨大成功，上市两天就脱销了。同期酬谢客户的 88 期的大型 Party 也非常轰动，所有的媒体，客户汇集新天地，在一个营造的《ELLE》的灯光掩映中，享受着时尚的高音。而巩俐以杂志页造型出场更是将 Party 推向高潮。这是中国出现的第一个明星时尚派对。今天，影星，媒体，品牌，Party 已经是一个司空见惯。但是，每每想到那一夜，我仍然非常激动。

在《ELLE》期间，我和我的团队实现了很多第一：第一个中国模特封面；第一个中国本土时装大片；第一个本土美容大片；第一个明星大片；第一个时尚派对……很快，《ELLE》中国版在国内读者中的声望开始直线上升，受到了特别的关注，"ELLE 新掌门人"之类的评论也相继出现。

在 2004 年出版的《期刊中国》一书中，有一个关于《ELLE》的章节，其中写道：

> 2001 年改版之后，《世界时装之苑——ELLE》每期都会推出一些都市生活方面的新话题，对于新趋向、新潮流保持高度的敏感。张扬热爱生活、热爱生命的态度。除了追求美丽，鼓励女性保持一种积极向上的生活态度……2001 年《世界时装之苑——ELLE》焕然一新的面貌与尹岩这个名字密不可分，从 2001 年 4 月的杂志上出现了一个新的职位——总策划：尹岩……尹岩自身的经历和气质几乎能够成为《世界时装之苑——ELLE》的形象代言，自信、充满活力。在事业上也富有创造力……《世界时装之苑——ELLE》在保持其一贯的风格和品味的基础上，成为一座沟通读者和时尚的桥梁。

我感谢这个机缘，感谢获得这些机会去实现我的梦想和尝试。今天，当年的时尚雏儿都已经演变成如今的本土时尚教主，团队的同事也成为各界媒体栋梁。

　　Jane 是一个极其出色的时装造型师，《ELLE》中国版前几年的时尚大片全部是 Jane 操作的。当年，她用一条万宝路香烟，换来了一天的卡迪拉克包车，将所有的衣服及模特放在里面，开到南京路拍摄大片，引起南京路交通拥堵。身居《ELLE》亚太区艺术总监，她为《ELLE》中国版，对中国整体时尚界创意团队的建立，对我们团队的时尚观及操作手段都具有极其重要的影响。虽然，在工作中我们彼此是以对抗展现的，但是今天看来，正是我们两人的这种对抗，才更加快速地催生了我们周围必然涉及的时尚元素。担任主编期间，在遵循《ELLE》3S 原则之外，我还带着更大的理想和抱负：让《ELLE》中文版成为中国时尚界的旗帜、时尚界的平台。我的自主意识，我的原创原则，坚决本土化的决心，使我在工作中不畏挑战，不遗余力地坚持带领中国本土团队实现原创独立原则。我反复冒进地闯入 Jane 的禁区，迫使 Jane 改变大陆版完全平移港台页面的方针，开始接受使用由我们选拔的国内有潜力的化妆师，摄影师。她指导创作，打造国内第一批真正的创意人才。2002 年起，Jane 开始在拍摄中启用摄影师冯海，化妆师李东田，模特王雯琴、吕燕，推出真正的中国制作大片和封面。如今，冯海、李东田走上了创意工作的辉煌，成为本土时尚领域的教主。我们自己团队的时装大片和美容大片也得到默许，让本土时装编辑 Fanny 和美容编辑 Chancy 从助理角色进入到策划主导角色。Fanny 后来去了《VOGUE》中国版担任时装总监，

Chancy 一直留在桦榭成为女刊《伊周》的主编。

Jane 对我特立独行的严加阻拦，苛刻审判，促使我在每一次的自主创作中都以最大的专注力去揣摩分析《ELLE》的风格及操作规则，而她的每一句高声斥责及跋扈中，都持续传达着操作《ELLE》的专业准则，让我获得了专业上的强化训练。今天，一切已成往事，我发自内心地感谢在《ELLE》主编之路上 Jane 对我的帮助与扶持。而回首往事，也让我不禁哑然。一对完全互动互补的搭档，竟然就因生命状态的愚钝，将积极转为消极，将能量转为消耗，真是失之毫厘，差之千里。

再一次的化丽转身

100 期时的身心疲惫

2002 年 10 月，迎来《ELLE》100 期。经过 2001 年 88 期与巩俐的尝试，《ELLE》100 期有了更加系统的规划，公司市场部也有专人负责。与 2001 年 88 期相比，我几乎是无压力状态，一个非常简单的主编工作。封面明星章子怡确定后，因我到国外出差，起初安排专题采访，但是章子怡还是一直等到我回来才接受采访。记得采访的那天，她一直拍戏，等到夜里一点才开始真正的访谈。因为和子怡较熟，采访很顺利。采访以后，我把文字寄给她看。再寄回来的时候文字上多了一些批注，那时候章子怡做什么都有人非议，有一句话她觉得会引起是非要求删掉。按照不影响稿件的方式，我选择性地修改了一下发稿了。

封面仍然由 Jane 拍摄。拍摄时，为了打破章子怡一贯的柔弱、学生气质，Jane 故意给她做了爆炸头，增加她的张扬与霸气。拍摄时，Jane 不断地对子怡喊："进攻！进攻！"不断地刺激她更具有攻击性。那一组照片打破了章子怡的一贯清纯形象，似乎调动出来她的潜在自我，给人感觉更加的自信自强。

出刊以后，章子怡的经纪人给我打电话，说章子怡不高兴，因为有一句话她不希望刊登但刊登出来了。当时我工作中已经有了很多的负面积压，人也处于亚健康状态，经纪人 Lynn 说话又很冲，我一下子爆发："Lynn，我是一个主编，我的文字是为了报道，不高兴我也只能表示遗憾。"然后"啪"地挂掉了电话。

那时候的我，已经有些身心俱疲。经过一年半的努力，《ELLE》团队也已经进入到了很好的轨道，法国桦榭集团（中国公司）也由当初的 10 人团队扩充为 100 余人。在部门齐全的平台上，办公室也真正进入到公司政治轨道中。

在《ELLE》主编职位上，我做了 24 期杂志。其中前 12 期杂志，我都是在激烈的斗争中完成的。又是新团队，又要跟上海译文出版社磨合，还要跟法国桦榭出版集团亚太区，尤其是艺术总监做抗争，自己还雄心勃勃地要把《ELLE》打造成中文时尚界的一面旗帜，做本地化及原创尝试，工作上有极大的压力和工作量，但同时，能够让自己充分发挥是最惬意的事情。由于我要发挥，产生了很多问题。这些发挥，永远是靠写报告争取过来的，我总是要越级向法国总部报告。工作是分阶段的，初创阶段需要不断争取，把很多新鲜的东西注入进去。而初创阶段过后，工作的重心就变成了稳定。我在《ELLE》工作两年以后，《ELLE》已经从处女地变成了熟地。"办公室政治"也进入到另一个层面。一向支持我们的亚太区总监Christine因公司政治被辞退。从总部，到亚太区再到中国大区，工作关系，权力关系有了很大的变化。在这个局面下，所有高层管理者对于我们的编辑之争均采取了息事宁人的原则。在这个平衡方针下，由本地操作产生的内容也在一定程度上得到认可，《ELLE》的声望达到了一定的高度，和读者的重新连接已经完成，《ELLE》开始进入正轨。我完全可以在这个成就上颐养天年。但要想进一步发挥，让《ELLE》持续创新就和《ELLE》高层希望稳定和息事宁人的方针相违背。

当时，总部最后的平衡要点是：中国版尹岩负责，Jane确认。为了给我更多的信心和安慰，我还被作为唯一一个主编角色受邀参加《ELLE》2002年全球高层年会，已表示将我与Jane同等对待。高层年会在莫斯科召开。莫斯科之行是一个个会议，一个个活动。置身于众多前辈及风云人物之间，我百感交集。《ELLE》平台精英荟萃，继续让我眼界大开，而心中有另一个声音却不断在重复：你接受吗？你顺从吗？站在红场上，阳光很足，却没有任何意气风发的感觉。我更加深刻地感受到，我出现问题了。

随后的几个月，我尝试按照上级要求的方式工作，但是我和Jane的分歧仍在继续，在我负责Jane确认的矛盾逻辑里，我或是继续抗争，或是无心恋战。积压的情绪就这样推挤着，蔓延到全身，渗透进血液里。为向不同的上级阐述自己坚持的理由成为日常工作中的家常便饭，这让我疲惫不堪。看着所有人被我拖进这场不能结束的争执，我很绝望。也尝试放弃，遇到分歧不再坚持，但是我发现，自己的状态不可自制的懈怠愚钝，无法处于一种创作状态。我的心情很糟，无精打采，整天恍恍惚惚的。工作中很难集中精力，生活上也是丢三落四。一会儿将最喜爱的 Kenzo 披肩忘在咖啡馆，再回去时已无踪影；一会儿将新买的伯爵表莫名其妙落在出租车上，自认倒霉。身体也出现了很多不适，难以入睡，但每天又昏昏沉沉。每天都发生的事情让我在不断地在自我质问"你在干什么？"杂志已经成型，市场地位稳定，团队也进入从容工作状态，如果追求更多的推陈出新，需要有更大的锐利和创意，更综合的团队认同与协作。但我意识到，这些都是我个人的愿望。从公司到团队，都比较接受当时的状态。同时，如果继续争取发挥和创新走下去，可能真的会威胁到和我共事的人的利益，最直接的就是年事已高的 Jane 本人，这是我不愿意的；我本人仍旧心高气傲，不愿就此妥协。既不愿意原地踏步，又不愿意伤害别人的利益，我心里觉得蛮悲凉的。一方面我看到杂志还能进步，还有很多"第一"可以去做，但不能去做；另一方面觉得在这种保持现状下，我的主编角色退化成编辑部主任，这是我无法接受的。

远离北京，远离女儿，在埋头奋斗了 5 年之后我终于第一次对事业发出一个质疑：尹岩，现在这样，值吗？

当这个声音从心底冒出，我便无法再逃避它了。

从 1994 年笛笛的出生，催生了我的事业心，到 2002 年底，我稳坐《ELLE》主编位置，8 年时光。在这个 8 年里，我以一种忘我的状态，投入到对事业的追求中。当初的计划，一张将我托上台阶的法国名牌文凭；进入一个行业，成为一个国际著名公司的决策人，都以超乎计划的方式——实现了。8年后的2002年，有幸成为众人艳羡的《ELLE》杂志主编，获得媒体行业的知名度与认同，拥有令人满意的个人收入。所有这些，都是我在8年前不曾祈望的。已经名利双收，事业还是财富状态都得到了外界的认可，但是却如此的失落和不快乐。

不喜欢当时的自己。我经常非常怀念北大时期的尹岩。我反复问自己，北大校园的那个尹岩哪去了？那个对知识有如饥似渴的求知欲，对生活有涌泉不止的热情，还有天马行空的浪漫。那个阳光的、简单的、充满激情和抱负的尹岩，似乎离我很远，以至于我连呼唤都无处发声。我一向注重我自己的精神状态，我开始询问自己：我是谁？我究竟要什么？我清楚地意识到事业上的成功、财富的增长和我本人之间的关系已经越来越远。事业成功曾经是执着的目标，而当事业到达一定高度时，它却不能成为幸福的目的地。那么，幸福是什么？我为什么不快乐？而且，这种不快乐，不仅无法向任何人诉说，就连我本人都无从了解。我开始重新审核我现在的事业。我已经是一个成熟的职业人了。8年的职场经历，我也重新认识了自己，我知道自己的职场能力，更知道自己的职场状态。我的不遗余力，拼命三郎的作风，可以将我带向很远，可是，它不能与我的初衷相悖。我奋斗，不是为了事业而事业，归根结底，是为了一个更加美好的生命而奋斗。现状是如此清晰，在名利双收中，我并没有收获快乐。那么，这个快乐到底在哪里？什么才是我生命中的快乐？我需要马上停止脚步，逃开越付出越背离初衷的剪刀差怪圈；我想寻找到一片平静，我想了解什么才是自己可称谓的幸福。职场的忘我奋斗，情场的悉心呵护，似乎都只有外人看上去的肯定。晚上对镜自望，静止的脸上，线条是明确的、浅浅的悲哀。我知道在喧嚣的人声中，我的心不可阻止地自闭了。所有的机体在昼夜不停地消化着，消化着我的不适。我的生活只有日常没有方式，我的爱情只有理解没有愉悦。天晓得自己的一切努力为什么带来的只是事与愿违。我需要远行，到一个天边的地方，一个能让我的思想变得彻底的裸体，以最自然的状态去接受宇宙启示的地方；我想到一个纯粹的环境，学习净化思维，闭关自省。我渴望知道自己到底是谁，找到接近幸福的一种方式，然后再重新投身于事业，让我的一切努力不再偏离我的生命意义。

11月，考虑清楚后，我向曹伟明正式递交辞呈。从我进入法国桦榭集团以来，曹伟明就是我的上司，并一直坚定地用他自己的方式支持我，不辞辛苦。凭借自己流利的法文，并且和法国最大的老板及其他高层熟识，在《ELLE》期间，工作开展遇到阻力的时候，我经常任性地越级报告直接与总部沟通。上级介入进行协调时，少不得要向曹伟明表达不满。他在与上级的沟通中，不厌其烦地确认我的责任心与出色的主编能力，我坚持的内容对中国市场很重要云云。那些时候，我给他带来了很多麻烦和辛苦。尤其是，当Jane想尽办法希望换掉我时，也是曹伟明一直坚持对我的任用。随着中国市场的重要性与日俱增，再加上公司内部权力关系的变动，他的处境也越来越复杂。当时那个局面，我觉得我的辞职对他来说也应该是个解脱，是好事。接到辞职，曹伟明很无奈，他劝我："尹岩，你再坚持一下，就两年，都会过去的。"我说："两年对我来说太长了。我觉得没必要。没有太大意义了。我不喜欢原地踏步。"他摇摇头。无奈地接下我的辞呈，却默默地把我的辞呈压着，一直没有递上去。直到一个多月后，又一次因为工作上与Jane的分歧，亚太区总裁找我谈话，我在争论中气盛地反驳："我递交辞职书，正是因为我不希望在这种似是而非中浪费时间。"他当时吃惊地望着曹伟明："她辞职了？"曹伟明尴尬地点头。直到那一刻，我才知道曹伟明一直没有把我的辞呈交上去，希望着事情会有转机，并把对《ELLE》和我本人的影响降至最低。

很多人都说尹岩是一个善于打江山，但不能守江山的人。我在排除万难方面，有很大的韧劲，但对于接踵而来的圆滑处世，我却不屑为之或难以应对。其实这些都是事业的一部分，都应该友善对待。事业不只关乎我一个人，别人的利益和抱负也都在里面。现在想想，当时的我还是太狭隘。在当时我的认识里就是递进的三条：一，没有了自主权，不能真正决定这本杂志的操作，我成为一个傀儡。二，被要求按部就班。不再去考虑创新，就是一种原地踏步，我在浪费自己。三，很简单的逻辑，打破这一切。

当时的我在全力以赴中也变得自我膨胀，将一切质疑理解为打击与对立，把一些问题夸张化和过激化，被负面情绪左右，造成了一些认识的失实，从而使处理问题的手段失去了弹性和准确度。当时的自己没有摆好人与环境的关系，对于很多东西不去充分考虑当时的局势，把当时的局面定义为对我本人创造力的完全限制。一味陷于对不能发挥的厌恶，让我没有充分考虑在这样的局面下我给自己开辟新的创作和操作空间的可能性。人必须对发挥的环境有充分的认识和认同，才能够充分发挥。而我却把一个具有弹性的环境变成了一潭死水。

尤其是在《ELLE》后期，当我需要以一种更宏观的方式去应对事业和生活的要求时，我却陷在一个封闭自大的状态里。后来，瑜伽和印度之行把我带出了那种状态。以前我觉得退一步海阔天空是一种特消极的说法，但习练瑜伽以后，我发现"退"不是放弃和苟且，而是脱开具体的纠结，跳出来看事情，这更接近本质。而只要接近了本质，你会发现很多途径，当然海阔天空。

与团队告别

2002 年 11 月底递上辞呈后，我的离职时间是三个月后的 2003 年 2 月。在最后的三个月里，我没有向任何人提及我的离职，编辑部、品牌部没有任何人知道。我默默地做着善后，将所有工作安排着，人事的，编辑的。

2 月份的最后一个周一，我请曹伟明到编辑部宣布我的离职。记得当时，编辑部如常围坐在我们的策划桌旁，宣布后，所有人都惊住了。离开编辑部的那一天，编辑部同事递给我一张卡，上面是所有人的签名和留言。读着团队的真情告白，挥手与大家告别，心中涌起波波悲情，我真的很难过。

离开《ELLE》是我职场中经历的最难过的事情。至今《ELLE》

在我的心中仍然很重，提起，想起，仍然会让我心潮澎湃。如同北大，它是我人生中又一个不可磨灭的里程。在这里，我获得职业上非常大的提升，从零开始成为媒体专业人士；在这里，我倾注了我的无限激情和梦想，发挥了我自己都曾未知的潜能。《ELLE》给予了我一个丰硕的传媒职场硕果，使我在未来的创业中能够保持一种专业行为惯性；《ELLE》培养了我优雅的品位，唯美的心智，自由的状态，让我的生活有了更多的美好方式；《ELLE》激发了我的事业潜能，让我建立了接受挑战的勇气和一往直前的信心。最可贵的，是《ELLE》平台的经历引发我对生命的重新审视，将我推到今天的自我求索的人生轨迹中。今天，《ELLE》平台已经远去 8 年之久，当年的团队也都在不同的平台各自成就了。但是，《ELLE》的时光，却如同书架上整整齐齐的 24 本杂志，珍存在那里，时时回到我的视野。《ELLE》时期的职场风云已经烟消云散，我的心中只有无限的感激和淡淡的伤感。

2003 年底公布中国刊业十年人物榜，我荣幸被列入榜中。上榜理由上写道：

> 当年以一个毫无传媒经验的新人身份进入桦榭，一上来就是《健康之友》执行主编的位置。在这个位置上一年半以后，《健康之友》发行量翻了两番，广告额翻了三番。后来到《ELLE——世界时装之苑》任主编，刊物的影响力与日俱增。2003 年辞去主编，爱上瑜珈……尹岩静悄悄地来到刊界，在几本时尚类刊

物间游刃有余；手法轻巧而美丽。转身离去，依旧潇潇洒洒。这样的女子即使不做刊，也不会被媒体忘记。

多年前北京电影学院就读时期，观看了英国电影史课观摩的大卫·里恩《印度之行》后，再没有重温这部影片，电影的故事早已随着岁月淡出，那些种族与种族，殖民者与崇拜者，大英帝国与印度文明的恩恩怨怨，已在空气中消融。当我苦思冥想"我是谁"时，影片中英国女人那句"印度使你面对自己"的台词不经意中多次从记忆中浮现出来。

递交辞职书的那天下午，我找到印度上海领事馆，在同一天递交了签证申请。

附录：采访 John Galliano 贴身 96 小时

2001 年 1 月，我正式进入《ELLE》，2001 年第 4 期是我主编的第一本杂志。2003 年 2 月，将是我在《ELLE》工作的最后一个月，2003 年第 4 期也将是我主编的最后一期《ELLE》。24 个月，24 期杂志。

在主编期间，我很少亲自主笔，除非是非常重要的人物访谈。2003 年 1 月的巴黎，时尚界都在传言 1 月的 Dior 新季的高级时装发布会将是一次最疯狂的表演，我有幸作为全球唯一的记者，受 DIOR 公司邀请采访 John Galliano 的整个创作过程。这也成为我在《ELLE》的收笔采访。

John Galliano 是一个无可救药的浪漫主义大师，也是现在少数首先将时装看作艺术，其次才是生意的设计师之一。Galliano 精力充沛、敏感热情，纯真中还有一点羞涩。他说话的时候总会不由自主地笑起来，一种无所顾忌、一串串不间断的笑，像一个孩子发现可乐的事似的。他也善于倾听，你能很强烈地感受到他的真诚，随即被他感染。即使面对来自于中国的陌生的我，他也像对待结识已久的老友一样亲切、热情，这是一种天生的亲和力，毫不造作。他的合作团队很国际化，英国的设计师、美国的化妆师、法国的导演、中国的演员、全世界的模特……这就是现代时装的精粹所在。

这次高级时装发布会的主题是"Hard Core Romance"，整个跑马场秀场浸淫在浓郁的中国红里，两侧红幕上的皮影、少林武僧开路、高空踩伞、最后的舞碟嘉年华……T 台上穿梭着瞠目结舌的瑰丽表演，脸谱化的白色面孔，木屐般的系带厚底高跟鞋，夸张变体的服装宛如澎大的茧层层围裹着模特儿纤瘦的身躯。观者犹如经历着一波接一波的"彩色波浪"，John Galliano 的衣服从没有那么立体过，和前几季盛行的暴露性感、刻意展现线条完全背道而驰，模特身上裹得密密实实，服装的层次、颜色和细节的搭配成了关注的焦点，而不再是模特的身体。秀场上一个一个场景穿插流动，就像一场穿越时空的多维电影。

从巴黎回到上海，我进入离开《ELLE》倒计时。

第六章

在印度，与瑜伽的第一次相遇

2003 年，印度之行，
在 Ananda 饭店内尝试冥想。

时光荏苒，身边好像发生了很大变化，做了很多事偶尔也错过一些，见过很多人大部分都擦肩而过，但某个凌晨或深夜，面对那个抖落尘埃的自己，恍惚间有生命轮回，不增不减的幻觉。我无法得知这种感觉是不是生命给我的不悲不喜、不卑不亢的馈赠，我只知道，唯有这样的时刻，才有机会清晰地看见内心的自己，自在的、喜悦的自己。常常怀念第一次被这种意识撞击的时刻——这辈子第一次去印度。我在瑞诗凯诗真正感应到，那时候的"天"真的和我在一起。此行，把瑜伽嵌进了我的余生。

我要追逐金鹿。

你也许会讪笑，我的朋友，但是我追求那逃避我的幻象。

我翻山越谷，我游遍许多无名的土地，因为我要追逐金鹿。

我心中无牵无挂；我把一切所有都撇在后面。

我翻山越谷，我游遍许多无名的土地，因为我在——追逐
金鹿。

2003 年，读到泰戈尔的诗句，就像听到自己的心声，带着强烈
的重新认识自己的愿望，带着满腹梳解不通的心结，我上路了。

第一次来到印度的瑞诗凯诗小镇。镇上的小路很窄，地上坑洼
不平还有积水，贫贫的狗和壮壮的牛在街上慵懒着，跟我们这些过
客相比，它们倒像是这里的主人。走进"琶摩特·萘克檀"静修中心，
询问冥想课程，被告知只有体式课。在国内，曾经为了选题在俱乐

部体验过一次瑜伽体式课，近似体操的课程让我无功挑战，以至于走出教室的那一刻，我曾经发誓这辈子再也不沾瑜伽体式。听到不远万里，只有体式课的选择，我的心都凉了。手机自从踏上印度后就再也没有信号，我与以前的世界完全隔绝了。夜晚望出去，星星点点的灯光在远处闪烁，只听得见恒河的水声。我的印度之行会发生什么呢？我的冥想之行能实现吗？就着恒河的水声，进入了我在印度的第一夜。

清晨5点，被唱诵声吵醒。走到河边，恒河仍在黑暗中低吟。这条被重彩描绘的圣河就在我的眼底，伸手可触，没有想象中神明与大自然的威慑，反而如山野的溪流，安静、平和、家常。慢慢地，天空泛出青色，身后的码头上开始有人走动。他们一声不语，一步步向水中挪去。每挪一步，都将手臂举过头顶，嘴里念念有词。人越来越多，天渐渐亮起来，孩子们也来了。他们哆嗦着，在冰冷的河水中打闹。

恒河边有一片花园，旁边的大房子里，就是瑜伽课堂。到的时候，已经有几个外国人在那儿。7点，门开了，射入的阳光里，是一个印度年轻男人的剪影，一袭白衣。他手里拿着卷起的习毯，慢步轻移，径直走到台上，铺毯，盘坐，握指，闭目。"Close your eyes"（闭上双眼），声音低沉清晰，富有磁性。他的出现，像深海中的波浪，无声地覆盖过来，我感到身上的浮躁在瞬间被卷走了，留下一片平静。

瑜伽，就是这样，伴随着默瀚进入了我的视野。

第一节瑜伽课开始了。我的身体僵硬得像水泥里的钢筋，所有体式都不到位，胳膊抬不上去，腰弯不下来，狼狈不堪。默瀚在学生中轻步挪动着，纠正我们的姿式。挺尸式时，我的大脑里像是进了闹市，所有的事情，工作、生活、情感、人，近的、远的都拥挤进来，搅得鸡犬不宁。第一节课结束了。默瀚一句轻轻地"Thank you"后，把台上的签字本往前一推，径自离开了。我和默瀚没有一句交谈。老天爷没有给我一点讯息，告诉我自己的未来将和这个男人紧紧连在一起。生命就是奇迹的组合。

与默瀚练习瑜伽和北京的感受完全不同。默瀚好像是瑜伽的一部分，他身上似乎带着气场，罩着你，使你安然地跟随他努力着。他在那里，习练演绎成一种愉悦。他的指导温柔、果断，你每时每刻都对自己有新的认识，而大汗淋漓后的放松更是让你体会到释然的快乐。我对瑜伽有了新的看法。

飘荡着牛粪味道的恒河岸边的歌声是每晚河岸码头的晚课。"琶摩特·蔡克檀"高僧带着黄色袈裟的弟子们悠扬地吟诵他们的先知与神祇。赤足倾听圣歌吟唱，河水仍旧喧嚣着流淌，水中近两米高的雪山神女像，一盏圣灯射在像上，通体光明。太阳沉西，天空灿金。我坐在一层更近水边的石阶上，河水在脚尖一波一波叠起，像是和着圣歌的节奏。码头上列着一排香炉，香烟缭绕。带着冥想目的而来的我，曾经很功利地希望印度之行能够帮助我摆脱生活中的迷失，但闲逛在这个小镇上，生活似乎简简单单地流过来，带着它的轻松。我的心开始松绑了。

神发过来的旨意

在去印度的时候，我自身处在一个很自闭的状态，有很多无法疏解的情绪积压在心里，很郁闷，很脆弱，一碰好像就要流泻出来，心中充满了莫名的委屈和愤懑。很多的人与事都不由自主从上海带到北京，再从北京带到德里，就这么一路带到了瑞诗凯诗，在这种纠缠中，慢慢做瑜伽。

几天的练习过后，身体也柔软多了，身体的变化神奇地影响到心灵，心开始复苏和柔软，这种柔软感在经历了钢筋水泥的几天后，

2003 年，瑞诗凯诗，与默瀚相遇。

让我很满足，很惊喜。我开始从容地关注自己的呼吸，自己的体式归位。发现，身体和大脑竟然有如此紧密的联系。

第三天的瑜伽课堂，肩倒立式，默瀚走过来纠正我的体式，他把我的双腿夹在手臂内向上一提，让臀彻底提起，与上身成为直角，就在他提起的那一瞬间，我生理性地感到"啪"的一下子，心门开了。有一种愉悦从心底涌出，整个人欢欣向上。在此之前，所有课堂上的思维都是排解不开的人事纷争，但是从那一刻起，所有的胡思乱想也变成了一个个未来的创作冲动，如同沉睡的充满创意的尹岩复苏了。曾经有朋友质疑我所描述的"心门打开"是不可能的，我不反驳也不解释，我的感受我的变化别人不知也无法复制。每个人修炼的进程不同，对自己的感受能力也有不同。我只是想说，那天，那一刻，那种真真实实的愉悦感对我而言是难以名状的。接着，过渡的挺尸式，平躺在花园教室的地上，忽然有一个瞬间，大脑中没有一丝涟漪，就如同月光下退潮后的海滩，群山环抱中的湖水。脑中没有任何人，没有任何语言，没有任何文字，没有那些自从你有了思想以后所能够产生的任何细小概念，都没有。那一瞬间的静我不知道持续了多久，但当我想留住它，刚刚感慨"这一刻好静啊"的时候，静就被惊破了，转瞬即逝。直到现在，我可以让自己获得平静，但却再没有能够重温我当初感受到的那个静。那种静，虚渺，无限。它是一种绝对的美好。我几乎相信那是上天送给我的一个体验。种子已经埋下。我知道，发芽生长是一个漫长的修行过程。

瑜伽课上默瀚的声音再升起时，脑子里此时再不是各色纷争，唯一跳跃的思维就是印度之行的书。回到房间，我换衣拿着相机出来浑身充满了创作的欲望。这么久以来，我突然感到自己从压抑的牛角尖中解脱了。不再陷入个人的烦恼中，而开始对周围的人事充满热情。我走出来了！这种快乐突然而至，让我不得其解。以往使我苦恼的事情似乎一下子褪色了很多。它们仍然在那儿，但远没有以前认定的那么穷凶极恶。

从僵硬的身体，到大脑宁静的瞬间，几天的习练，仿佛身体被打通了一样，所有的创造力犹如井喷迸发出来，几乎有一个力量将所有的封闭冲开，重新感受到心井的充盈。我们的身体就是一口深深的井，水源丰富，但是社会的地壳越来越厚，阻碍了心井的流淌。这种力量，就是我的呼声，我的心念。我从来没有如此不带一丝杂念，全神贯注于一个目标。我想清晰明了"我是谁""什么是我的快乐和幸福"，我一定要找到答案。

三天的体式习练，真真实实地改变了我的状态，我意识到随着身体渐渐柔软，自己的思维也随着身体一起柔软下来，眼前的事实也褪去狰狞，变得平静。一周前还很愤懑的很多事情，事物本身没有任何变化，但是我的感受完全变了。而瑞诗凯诗这个小镇，同样的泥泞小路，同样的蛮牛野狗，同样的衣不蔽体的乞丐，但是，在短短的七天里，我由厌恶，到观察，到心生欣悦，这个过程是那样的神奇。小镇在我眼里充满着生机，充满着美食，街上的人们身披着阳光，充满着喜悦。真实的感受让我明白，其实一切都没有改变，改变的是我自己。这些是以前从来没有意识到的，原本认为的客观事实本身，习练瑜伽后，深切感受到任何客观事实都是主观的产物，没有任何一个所谓的事实，万物空相，所有的表现都是一种映像，是我们自己的映像，完全取决于自身的观感。意识中的纠结反映到我们的眼中就是哈哈镜化般我们身边的人与事。在这一刻我忽然明白，所谓的幸福不是由外部世界决定的，而是由我们的眼睛和心决定的。我为这个突然的发现欣喜若狂。

圣地与SWAMI

我沿河走下去，没有了人群。静静的小路领着我，一直到尽头，恒河边的一片园地。坐在一株四人抱的大树下。如数的长尾猴、古井、老树，依旧白炽的夕阳。长尾猴在斑斓的枝叶上跳来跃去。树下的一只黑羊静静地卧在白沙上，面向河流，一动不动，像是在冥想。一位白衣僧人走来，又走过去，坐在远处红泥砌成的圆台上。一件橘色袈裟在远处飘曳，是一位老者在树边徜徉冥思。黑羊们围过来，在我身边觅叶。一行白鸟从头顶飞过，留下一片叫声。河水白灿灿哗哗地在眼前流淌，静谧中无限的喧哗。参天的古树，枝叶繁盛，树叶黄、绿、红各异，树干也有凝白色、青色几种，树根裸露在三米高的主干上，似天嫁的圣树。还有一株树干在五米高处向下拧生着，枝端垂到三米处。据说这种向下生长的树干都是有圣气所在的，在下面做冥想可以通天灵。

坐在园地里，我有一种在天堂的感觉。每天我都会充满渴望地来到这里。园地成为我的圣地。坐在这块园地，思绪平静安逸。身边的一切像净化般的清澈，让我悠悠地回想往事。曾经的生活中有那么多的阳光，那么多的幸运，那么多的爱，多年以来，我第一次深深醒悟自己是多么"得天独厚"，心里充满感恩。

在瑞诗凯诗的记忆里，智者SWAMI是非常重要的。默瀚教我习练瑜伽，但真正用只言片语点醒我，给我很大影响的，是SWAMI，他的语言和他自身的能量对我的影响都是不可估量的。

SWAMI不是名字，是对上师的尊称。我和SWAMI就是在园地相遇的。我在园地看书，身边传来脚步声，橘色袈裟的智者SWAMI沉思着走过来。我要谈话的欲望窜出来。"我们能谈谈吗？"他没有听到，继续踱远。又踱回来。"我们能谈谈吗？"他依旧在他的沉思中。第三次我将目光定在他的身上。更大的声音："我能和您谈谈吗？"他止步，上前用右手扶住右耳。"您在说什么？""我想和您谈谈，只占用您很短的时间。"他答应了。我茫然地问他："如果什么都可以放弃，那你们的幸福怎么能够体会到呢？"他就指着我身边的相机："如果两人都有钱，却只有一个相机，那就请你拿走吧。神告诉我，是我的，才是我的。你拿走的是个相机，你却拿不走我的机缘。我还会在某一刻，某一个地方再次遇到相机。因为我信奉神灵。"我还有些问题要问他，他建议再约时间，将我的疑问写下来，到他的书房寻教。他给了我一个约见的时间。

在静修中心的书房中，我生平第一次听到No Attachment（不执）这个词。"如果不执，如何有追求？"大师言简意赅地说："不执不是不做。人行事分三层：'一、想做，二、责任，三、回报。'我们要放弃的是对第三层的追求。因为努力并不能获得意想的结果，而如果你渴求这个结果，你必定会失望。所以放弃欲望不是放弃努力，是要求放弃回报。你因为男朋友离去，所以你难受，这是你对男友的依赖。一旦有依赖，必定会难过。因为你成了他的附属。不要依赖任何人、物。对你的父母、孩子、男友、工作……因为任何事情都会在不经意中发生。而依赖只能令你在事物发生变化时痛苦。要知道任何事情、人、物都不是为你而生，不是属于你的。你生下来时，什么都没有，只有你自己，只有自己属于自己。所以，好好关爱它，善待它，信赖它。你唯一的依赖只是你自己，任何其他的事与物，只是去服务他们，使用他们，不要成为他们的附属，依赖他们。人有一天会变、会死，你唯一能做的就是服务，尽义务与责任。"

大师的一席话让我豁然开朗。No Attachment！没有任何人、物应该属于我，只有我的愿望属于我。

我的心开了。

临走的那天，我去和他告别。他对我说："记住，你做的一切都与结果无关。只有命运与结果有关。而命运是你前几生就已经确定的。你所能做的就是尽义务，做你认定的事情，其他事交给命运。"大师还慈爱地望着我："我很高兴认识你。你的身上有一种与生俱来的真诚和善良。神会保佑你的。不要担心。"

举起相机给他拍照的时候，他说："请你不要给我照相。我的角色是为神服务的。给人们看的，应该是神，而不是我这个人。"

遵从他的意愿，SWAMI 成为我的印度之行唯一一个没有被记录影像的人。但直到现在，他的形象我依旧历历在目。高大的身材永远披挂着橘色的袈裟，棕黑的面庞上是一双大大的眼睛，宁静地望向你，充满慈爱。

　　而也就是在这一天，我才醒悟那个一向被我视为净土的园地，那间我一直认为看门人的小屋原来就是大师的栖居地。一切在我面前变得奇妙。回想自己从刚见到这个地方到每次在这个地方的感受，回想第三天见到大师请求谈话的情景，我真感到冥冥中有一种力量引领我来这里，一个可称为命运的力量。SWAMI 的出现，让我对瑞诗凯诗情有独钟，还有默瀚，这一切好像都是在我已心力交瘁，无力解脱的时刻出现在我的生命中。印度之旅注定是要改变我一生的。

　　大师回房，我怀着无限的感动沿着来时的路往回走。从来没有过这么烈烈的日头，直射头顶，我的汗开始渗出来。突然，我止步。一种迫切的愿望推我折回。我想把这个小屋拍下来。园地从来没像今天这样恰似天堂，又胜似天堂。白色长尾猴在树枝上垂坐，错落有致。树下黑牛徜徉。阳光射在沙子上，银光粼粼。举起相机，一张一张拍着。突然冒出一个乞丐，扔在地上一些食物，猴子们全蹿下来。转眼乞丐又不见了。蹿下来的猴子们也一无所获，但却全蹲坐在地上，在小屋的前方列成一个方阵。我感到光明在我身边荡漾。

　　2005 年，我带着出版的《菩提树下太阳雨》回到园地的那间小屋，想把这本书送给 SWAMI。第一次去的时候，那里没有人，我把书放在门外的台子上就离开了。等我再回来的时候，书没有了，纱门关着，纱门背后是一个婆娑的身影在移动。我心跳加速了。几声SWAMI 呼唤过去，那个身影仍然在动，却并不理睬我。我使劲敲打屋外的栏杆，发出震动的声音，那个身影停住了，转过来，是一个年轻的出家弟子。我问道："你知道 SWAMI 在哪儿吗？"他就这么看着我，怔怔地。忽然，他好像醒悟过来，进屋，再出来时，手里捧着我的书。指指书，指指我。原来他是一个聋哑人。我反复地尽量清晰地问他："住在这儿的SWAMI 去哪儿了？"他仍旧那样望着我，向前一步，把书递还到我手里。我捧着我的书呆住了。

我又来到和SWAMI 曾经谈话的那个书房。书房是在一个静修学院的院中。一个小小的独立的房子。静修中心的看门人还是原来的看门人，但我们见面的那间小屋已经锁了起来。我向看门人询问 SWAMI 的行踪。他回问"什么SWAMI ？"我描述给他，他说从来没有这个人！我恳求他回忆，他坚决地说：没有过这个人。有一种强烈的情感从心底向上涌。我跑出静修中心，来到恒河边上，面对静静的河水，眼泪开始不可抑制地在面颊流淌。我从来没有这么不可自制地哭过。它不是悲哀，是不知所措，是不敢相信。如果这个人真的不曾存在，那我记忆犹新的画面是从哪儿来的呢？如果他真的存在，那我重新寻找他的时候，为什么会这样，一点痕迹都没有留下过？难道，2003 年的我，曾经穿越过另一个时空，接受神的教诲？

SWAMI 是我一生的贵人和智者，他深深地点醒我，让我在自省中成长，他更为我留下了一个最大的谜，至今让我魂牵梦绕。

瑞诗凯诗的那段时间真的很奇妙，你会觉得天上真的有双眼睛在注视着你，在指点着你，让所有的偶然变成了一串串的奇遇和必然。

瑞诗凯诗的七天让我脱胎换骨。它是瑜伽，但又不仅仅是瑜伽。我异常清晰地感到这不仅仅是体式的作用，真正发挥作用的应该是我很强的心念。瑜伽，默瀚，喜马拉雅山，恒河，园地，SWAMI，甚至瑞诗凯诗整个小镇的气场，都是由我当时的心念把自己的肉体带到这个场来的，所有的人与事又机缘巧合，让我发生了如此大的改变。到现在我仍会经常回味这一切是如何发生的。

确实，从那一刻起，我感觉到自己找寻已久的另外一个能量体复苏了。每个细胞都是新的，感受力极强。我从来没有想过自己会坐在园地，能用充满同类的心态去看眼前的猴子和黑羊，没有任何惧怕和居高临下，安静地在那看书写字，任由它们在身边和谐地走来走去，那种同在的、与自然融合在一起的感受我现在仍然记忆犹新。

确实，从那一刻起，我第一次体会到文思泉涌。当时的我，看着眼前发生的一切，心中荡起思绪，再从笔尖下飘散。笔记本上的字体，清晰整洁，没有任何修改的墨迹。现在再看当时的文字，都会觉得好干净，它们真正经过的实际是从眼睛进来，在心里引起感受，再从笔尖流出去，没有任何硬性的分析和辞藻堆砌。

那段时间与自然同在的概念特别强，当时的我，无论是写字，看东西和对任何事情的反应，真的完全不去判断，就让它自自然然地存在。就像我对 SWAMI 的呼唤，当时就是眼睛看到了，心里涌起要和他说话的欲望，便呼唤他了。SWAMI 竟然就听到了，停下来，转向我。高高大大的 SWAMI 走到我身边的时候，我仰视着他，整个过程非常奇妙。我想，在那段时间里，我是让自己成为一个纯粹的裸体存在。没有分析，没有判断；不是男人，不是女人；不是人，不是物，都不是，只是存在。在这种状态下，每一个在我的这个状态上掠过的信息，我都尊重它并去反映，构成一连串的偶然，直至把我推向生命的必然。

我们习惯了让自己的身体里塞满了别人的垃圾，我们习惯地忽略了太多重要的生命信息，久而久之，我们习惯了忽略自己。生命中有太多偶然，机会俯拾皆是，但你自己是否有敞开的、温暖的状态来承载这一切呢？回想自己，原本一个充满创作力的生命，被野心、欲望、困难、疲惫等给紧紧束缚住了，丧失了活力。我不甘，想要挣脱，找回北大校园中那个快乐的尹岩。我是带着这样强烈而专一的呼声来到瑞诗凯诗的，在那样的气场里，默瀚与他的瑜伽课扮演了一个非常适当的媒介，让我的呼声传达上去了，并得到了呼应。每一天的瑜伽课程，就如同推开封闭身体的一扇扇窗，每一个奇遇和感悟，就如同一道道阳光倾泻进来。就是这短短的七天，曾经快乐的尹岩再次浮现，阳光灿烂，欢乐四溢，身上散发出积极的敏感。沉浸在思绪时，不再是自闭的。听到的每一个事物，看到的每一个事物，感觉到的每一个心意，都进入到肢体，影响我，这个过程很享受，让人刻骨铭心。它不再是我们习以为常的刻意追求的一种概念，然后再用概念包装概念，而是自然进入，然后发生了化学反应。

命中注定的瑜伽

我真的有特别强的感受，自己命中注定与瑜伽有关，即使我想放弃，也会有某种东西把我拽回来。稍微现实一点的时候，作为个人事业规划，我会觉得，瑜伽这个行业用一种现实的眼光去看，我不能接受，不愿投入。不管是从业人群，行业本身的素质，发展前景都有很大的局限和不可控性。但是，总会发生一些事情，在我犹疑地时候，让我又把眼光投注在瑜伽上。最关键的，我碰到困难的时候，从来没被难倒。这里面有我自己的韧力，但绝对也有超脱的力量。总会有不可思议的事情，不可思议的人出现，为我一一化解负面的东西。我有时会觉得不是我自己在选择，而是有东西在替我选择。

瑞诗凯诗的经历动摇了我习以为常的一些观念。人真的是这个世界上太渺小的东西。宇宙中有太多的存在能够主宰和影响我们。通常，在我们还没有辨识能力的情况下，他们已经在切实地跟我们发生着某些关系。我无法描述，但瑞诗凯诗的经历告诉我，除了我的思想外，这个自然环境中已经以它特有的方式，让我发生了现在的改变，彻头彻尾的改变。

瑜伽是一种方式，是属于我们能看见的方式，它帮助我们把自己的身体还原成某种状态，让我们有资格、有能力与那些更具自然力的事物发生连接。可以说，瑜伽改变了我，或更准确地说，我是通过瑜伽这个媒介让自己跟自然发生了关系。瑜伽一定不是人类唯一的修行，它只是一个非常媒介。默瀚也只是我跟瑜伽的媒介。人的一生其实有很多媒介关系，随着你不断探究，你的媒介关系就会不断被拓宽。瑜伽带给我的这种连接，让我在瑞诗凯诗真正感应到某种恩泽，"得天独厚"，那时候的"天"真的跟我在一起。

在瑞诗凯诗感受到的"创造力与自然同在"，阳光般的"失不再来的虚无"，都是我生命中极其向往的状态。印度之行前夕，我一直问自己"我的幸福是什么""我的快乐是什么""我到底要怎么才能快乐和幸福"。我以为爱情关系是我的幸福之本，事业成功了我就快乐。在瑞诗凯诗，我发现在不经意的状态中，我快乐了，幸福了。我们的幸福快乐和事业生活的关系并不是我之前想象的那种逻辑。生活一下子变得特别简单，变得特别清澈。

2003 年的印度之行随笔后来汇成一本文字《菩提树下太阳雨》出版。在书的前言中我写道：

> "整个旅途，我经历的是与旅游者相似的行程，但，庆幸的是，我的印度之行起始于瑞诗凯诗圣镇。正是在这里，我奇妙地一天一天变化着，久违的天性，久违的愉悦又重新复归，瑞诗凯诗的太阳雨洗涤了我常年的都市尘埃，生命的美好，万物的轻盈开始在身体中流动。这里让我在整个旅途中都带着欢欣的感动，瑜伽帮助我体会眼前的所见所闻，使我脱离了世俗的表象感触，来遥望和感受那尘埃之上的光明和生命。印度之行对我来说是一个心灵之旅。我寻求的是在这个有着浑厚气场的

陌生国度获得心灵上的一些启迪，或者帮助我用另一种眼光看世界，用另一种思维看生活。印度之行圆满了我的心愿。"

相约中国

离开瑞诗凯诗，我游历了印度其他地方，每到一处都寻找瑜伽课，可奇怪的是越是接触得多，越是想念默瀚。在瑞诗凯诗跟随默瀚学习瑜伽的时候，感受很深，但我并没有意识到，默瀚是一个多么出色的瑜伽导师。离瑞诗凯诗越远，我越怀念默瀚和他的瑜伽。在瑞诗凯诗这段经历，为我的印度之行定了一个高调，但当时我并没有意识到，直到后面的日子跟那段纯粹的时光相比黯然失色才有所醒悟。瑞诗凯诗就像在天上，让你彻底脱离开地面的一切凡俗，不管是瑜伽课，还是在那里的心灵震撼，都很强烈。在阿格拉，准备参观泰姬陵后经德里回国。当时，有一种冲动特别想回瑞诗凯诗，可归期已近，我黯然地想自己可能又要空空地回国了。

我是多么渴望把瑞诗凯诗的状态多留一段时间。突然我想到请默瀚到中国，电话那头默瀚的声音仍然是那种很柔很清晰的，"Yes，It is possible！"

默瀚答应来中国了。

第七章

我的悠季瑜伽

2003 年，在日坛举办千人瑜伽活动，默瀚与学员 Fanny 在台上带领大家习练。

骨子里，我是一个不满足于独善其身的人。做人做事，我从来就不会仅仅是自得其乐，获得共鸣才有无穷动力。我事业中的关键词是作为与意义。作为，自己的发挥，自己的成就；意义，社会的分享与影响力。瑜伽，是一个艰难的事业，相对于自己热爱的电影而言，它是一个最具有作为与意义的事业。能够将自身切肤的喜悦经验传播出去，提供一个思路和平台，让每一个进取的当代人也能像我一样重拾生命的快乐，是我今生的福分。我愿意为之奋斗。

惨淡收场的红色时代

主编是一个中心人物的体验，每天上百封邮件，无数的电话，诚惶诚恐的邀约。辞职后，进入到自我创业，一个最具体的讯号是：早上起来打开 Outlook：没有新邮件。那种忽然被忘却，被不需要的感觉，是一种很强烈的失落感，给我了一个最真实的心理挑战。

重新开始的无情和压力，就以这样的网络方式重重地击向我了。

当时，我全力以赴的事业是文化传媒公司：红色时代。悠季瑜伽与我，只是一个分享，根本没有进入我的事业框架。

担任主编时，有很多时尚圈或媒体朋友邀请我为他们的活动或新刊担任总策划或顾问。所以，红色时代公司伊始，我设想的是以顾问的角色发挥自己的媒体专业及策划力。

只是，没有想到的是，在这些软实力之外，公司运营需要更加现实的实力。一系列我不曾想到的挑战在我没有任何准备的情况下砸过来。

首先：我的心理优势遭到极大挫伤。第一步，组建团队。以前，在《ELLE》招聘的时候，应聘的人都是高学历，出色的个性，为你的面试诚惶诚恐，为被你录用而欣喜若狂。自己的公司，应聘者很少有大学学历，应聘时若有些能力或追求的不断在审视你，考虑是否加入。我从一个大平台一下子到一个没有任何人看得起的平台，自信完全是自己撑起来的，这真是一种锻炼。

其次，个人价值的体现和合作时的权力关系。当时，公司刚开始，获得一次 Levi's 华北发布会项目。整个活动细节是我跟 Levi's 的华北区经理谈的。对于我这个习惯于跟亚太区或者最低中国区总监交流的人来说，对方这个级别，是我在原来的工作岗位上不会理会的，但现在他成为了客户，并且以一种绝对的优越态度在要求你。我感到极大的心理落差。所得的利润让我不能接受。在努力的工作中得不到乐趣，还看不到未来的发展，同时还要不断地质疑自己，真的很困顿。

红色时代的业务转向媒体策划。这一年间，我帮助英国《OK》杂志在中国创刊。同时，承接了《中国纺织》杂志的改版和编辑部培训工作，并拿下了杂志的广告总代理。我不懂广告销售，于是高薪聘用了一个广告总监，对方在应聘的时候描述了一个非常可观的资源及业务额。从第一周到公司，许诺200万的广告销售到第六个月，所有的广告进项仍是他的这张空头支票，我请他离职。

为了公司继续运作，我只好自己亲自出马。

那是在上海的一个纺织博览会上，我当时已经怀有身孕，拖着箱子，带着《中国纺织》所有的样品去见潜在客户。博览会下来，只签下两个法国品牌的全年广告。当年风光无限的主编突然间转变成业务员，公司的生存压力又让我不能不继续下去，我的心情落到谷底。

财务问题压过来。以往的积蓄，还什么都没干呢，就哗的像沙子一样流走了。当初高高兴兴订购的两套公寓也不得不退掉，以补贴公司运作。真是一生中没有过的惨败感受。

创业的六个月让我觉得公关文化公司和我想象中的不一样。我的优势创造力得不到发挥，运营又不是我的强项，销售更是一个我不愿意投入的角色。在赔掉了大半积蓄和两套房子后，我确认需要立刻给自己转换角色。

告别创业，回归打工

辞去《ELLE》主编职务后，我得到很多媒体的邀约，有海外的，有内地的，也得到过国际著名奢侈品牌中国大区公关总监的职务邀约，但当时，感到如果再回到这类角色，我为什么要离开《ELLE》呢？真正创业后，我的挫败感非常强，开始怀念没有财政及行政压力的主编生涯。2004年初，当美国一家与中央人民广播电台《经济之声》节目合作的公司请我担任节目总顾问时，我欣然前往，感觉终于重新回到属于自己的轨道了。

2004年初，我带着4个月的身孕来到电台工作。有一种大病初愈的快乐。广播本身给我带来了很多新鲜的好东西。那时的团队，不管是广告经营的团队，还是内容团队，都让我非常怀念。为了做好工作，我购买了很多关于广播的书籍，登录国外著名经济频道网站，研究他们的操作模式。同时，和团队进行众多的栏目选题探讨。中央台不愧是国家主导媒体，团队人员非常优秀，也非常敬业善良。带着四个月的身孕来到电台，直到分娩前的一周，我以饱满的状态和大家一起，度过了非常美好的工作时光。至今，我的广播永远锁定 96.6MHz，有时听到好的广播，我还会给他们打电话，分享我的感受。一段经历，在今天，化成友谊和回忆留下。

临产前，一家民营影视公司找到我，邀请我做 CEO。这家公司以往以拍摄电视剧著名，最热播的剧目是《激情燃烧的岁月》。我犹豫了。一方是我相处愉快、行事专业的广播团队，和非常吸引我的新的广播媒体形式，另一方是我心仪已久的电影领域。记得当时刘仪伟建议我："你在电台多好啊，报酬高，业绩又没法考核，团队又好，又是在国际公司组织里，电影那边是私营，谁知道会怎么样呢？"他力挺我留在电台，但电影梦还是一直在诱惑着我。终于，在出了月子以后，2004 年 8 月，我到电影公司上任。

这家民营影视公司是一个拥有房地产板块、网络产业、纸媒板块的集团下属公司。上任之后，我开始在电视节目，电影项目方面进行拓展。我计划开发电视时尚节目，引进国外电视节目，同时选择投入电影项目。当时的我充满了干劲。我重新拾起以往的人脉网络，经常出差参加各种电影节，桌上也堆满了各种项目大纲和电影剧本。

私营公司需要有更加完整和有保障的财务预算，需要降低一切风险。我被要求在理想之外进行很多项目收支评估。影视项目的预算评估不是那么容易做到的，除了前期部分比较容易把控，制作期部分的拍摄进度与预算的控制，后期的宣传，最后的发行，都是一个个带有很大弹性的预算版块，有太多的不可控性。这段时间的工作被强化了很多预算概念。而经历了《红色时代》后，再看如此大的集团对每一笔开支的严谨近乎苛刻的财务管理，终于明白公司运营的基本财务态度。

在我如释重负回归媒体，再投身电影梦的时刻，悠季瑜伽仍然自生自长着。

悠季瑜伽　天然之作

2003 年 5 月默瀚来到中国。

默瀚第一次来中国，只是出于好奇。来中国之前，他也有很多出国机会，但都由于各种原因没有去成。得到我的邀请，默瀚去算命，回答是："你会去！"

见到默瀚时，自然很欣悦，但并没想过跟他之间发生什么实质性关系。请他来完全是出于对瑞诗凯诗的怀念。由于太珍惜在印度时的感觉，害怕一旦回国，所有美好的感受会被周围的事物冲得一干二净。请默瀚来，哪怕再多教我一个月瑜伽，再多积累一些难忘的感觉也好。

默瀚第一次来中国时，是 2003 年 5 月。北京非典正闹得"风声鹤唳，草木皆兵"。去接默瀚，我晚了。到机场后，整个机场空空的，默瀚一个人，穿着白色 T 恤，牛仔裤站在那儿，孤零零地非常显眼。在印度时，他总是一袭长长的白衣，看着眼前这么年轻这么小的一个人，个子不高还拿一个大包，我有点反应不过来。他还是那么干净阳光，站在机场的水泥中间，像棵小树一样。他看到我也很不适应，在瑞诗凯诗我总是一身宽松的休闲装，素面朝天，现在成了一个都市女郎还开着吉普车，对他来说，我就这么强势地过来了。

当天晚上，朋友们约在户外吃饭，我带着默瀚过去。我很粗心，忘记默瀚是素食者。大家都点菜，边点边吃，默瀚就默默地坐在一边，只有豆子吃，还不好意思用手拿，又不会用筷子，又没勺子，他拿着筷子试了几次都夹不起来，又放下，一顿饭下来，也没吃几个豆子。默瀚在中国的第一顿饭，在我和朋友们的天南海北中，静静地饿着。

辞职后我成立了自己的文化公司。公司坐落在日坛公园高尔夫花园。花园有一个近千平方米的封闭花园，默瀚的瑜伽课就开在花园里。除了辅导我的习练，我请朋友们到这里来与默瀚习练瑜伽。很快，默瀚的瑜伽传到上海，有朋友询问请他去上海任教。当我心无杂念地将此事转达给默瀚时，默瀚应允了，周围的朋友跳起来："如果默瀚可以留在中国，我们在北京给他办一个瑜伽馆。"无心快语，种下种子。

还有一个星期，默瀚就要回印度。早晨醒来，5 点钟。想到朋友的话，我开始在脑海里勾勒默瀚的瑜伽馆应该是什么样的定位，我希望还原我在瑞诗凯诗的感受。老师，默瀚本人，瑞诗凯诗，要有一个天人合一的环境对应。受众，就是和我一样的都市白领。于是，理念：来自印度的纯粹瑜伽；受众人群：热爱生活，追求事业的都市白领；教学定位：印度正宗瑜伽；场馆定位：天人合一的环境；视觉形象策划：默瀚，简约、纯净的黑白风格。一切都非常清晰具体。如同一个新刊创刊文案。早上 9 点来到公司，日坛公园办公室工作人员晃到我的办公室前：尹岩，你们那儿不是有人想开瑜伽馆吗？钟楼出租呢。

钟楼，坐落在日坛公园的龙柳树荫下。我登上屋顶，满目绿色将地面遛弯的人群蔽在下面，只有一片安宁和习习夏风。好一份清净！

早上 11 点，钟楼合同签约。在一个上午，悠季瑜伽诞生了。带着共同创办悠季瑜伽的约定，默瀚回国了。

钟楼是悠季瑜伽的第一个教室。它是一座 500 年的双层建筑，一场大火后，顶层被烧光，留下地上的一座方正的建筑和一个楼顶的窟窿。参观钟楼时，那里已经是一个废弃的棋室。两个棋桌，一口不知道多久没洗过的茶壶。泛着黄迹的白灰墙，糊着黑黑的天花板。爬上屋顶，却发现房顶中心的一个窟窿，和四周环绕的龙柳枝条。天人合一的显境就在乱糟糟的棋室中出来了。

钟楼是我装修的。过程很简单。墙面的破损处露出里面的古砖，天花板也已很破败，窟窿里露出里面的穹顶。装修理念在那一刻不容置疑了：恢复原貌，再做一个九九归一的天窗。由于是古建，公园明确规定只能按照原来方式装修，不可改变，否则需要文物局级级审批。为了保护古建，又可以减少程序，我避开官方渠道，由朋友介绍找到西城古建筑研究所里的专家，请他来到现场，指点装修钟楼古建时必须遵守的原则。

装修开始了。我用工程幕布将钟楼掩地严严的，看不到里面工程的进展程度。一块块古砖从墙皮后边现出来，有些还有清晰的龙印。年久失修，古砖的颜色参差不齐，有些砖看上去黑黑的，让整个墙面显得很脏。不能拿砂纸打磨，我请工人水洗，然后，涂上不会有任何损害的白浆，再擦掉，再涂，再擦。就像给墙做美容一样。这样反复涂浆，再擦掉，周而复始，直到20余遍后，慢慢地整个墙面透出了均匀的白色。穹顶下，是以前的火灾部分，受难最重，前面全部受损。我索性全部抹上白色，勾勒出一个白色色块，与整面灰白墙呼应。天窗采用"九九归一"的概念，方方正正的九块玻璃在穹顶中央，洒进日照星光。钟楼教室以无时代无地域的岁月感落成。

竣工后，我请日坛领导过来审核，走进钟楼，他们惊住了。从没想到钟楼也能这么漂亮。日坛里的巨服殿是瑞典著名设计公司办事处。瑞典设计师路过钟楼，特别惊喜地问我："Who is the designer？"（谁是设计师？）我很骄傲地回答："It's me."（我！）

悠季瑜伽创办之始，我的纯净、本源、自然的理念已经如此清晰，所有这一切都成为我执行中的一切自然反应，如同钟楼的复原。装修钟楼时，我仍然是一个简单的主编，完全没有接触运营的角色。一切都是凭感觉，如同在杂志社，仅负责形象、内容、宣传。没有成本概念，没有收支预测。直到今天我也不知道钟楼的第一次装修到底花了多少钱。我请家里的阿姨来给我做监工，告诉她我想要做什么样，她在现场监工，我就在不远处的高尔夫花园办公，隔一会儿便过来看看，给装修的师傅们陪着好话。遗憾的是，没能留下当时装修的照片，来个"before"和"after"。

为瑜伽馆注册公司时，助理请我提供名称。我不假思索：纯粹瑜伽就是瑜伽士的瑜伽。名称就定为Yogi Yoga。中文谐音：悠然季节，天人合一，悠季瑜伽。瑜伽馆名称在一分钟内完成。悠季瑜伽注册了。

小小日坛——无心插柳

当时创办悠季瑜伽我是没有任何运营概念的。单纯因为喜欢。现在建馆，我首先会考虑教室数量及面积，能保证的习练人数，这些都跟成本有很大关联，也是一个生产力问题。但当时的我根本没

2003年8月，悠季瑜伽诞生于北京日坛公园钟楼内。

有想过这些。只是觉得钟楼很好，天人合一，气场好，就把它签下来了。投入使用后才意识到，这个教室正常可以容纳 7 名学员，挤满了也就是 12 个学员。

悠季瑜伽 2003 年 8 月开业。开业的第一天，我安排了数节体验课，很多主编出版人朋友，亲朋好友都纷纷到场。带着印度之行的喜悦，我充满热情地与所有朋友谈论瑜伽，谈论瑜伽对现代人身心平衡的帮助以及只有真正的印度瑜伽才能带来如此效果，等等。各个媒体上开始出现我的瑜伽故事和体悟，悠季瑜伽也以京城唯一的印度瑜伽会馆纷纷在媒体上露面。渐渐地，随着媒体报道多了以后，陆续有人慕名而来。

默瀚为悠季瑜伽设计了一整套哈他瑜伽课程，课表从早上 7 点排到晚上 7 点，一天 5 节课。他的公寓就在日坛旁边。每天早上 7 点，默瀚就来到钟楼，安静、寂寥地等待即兴而来的中国学生。那时候他打扫钟楼，摆垫子，试课后有学员办卡，现金他就代收了，刷卡就领到办公室。

最初的悠季瑜伽，会员很少。经常只有一两个学员上课。鲁豫是最早的悠季瑜伽会员之一，因为经常是她一个人，就好像私教一样，教室虽然不大但也空空荡荡，苗条的鲁豫溜着墙边走进来，总有些尴尬。悠季的第一批会员，大部分是接触过瑜伽的，或是海归，或是外籍人士，或是媒体人士。他们看到报道慕名而来，默瀚的瑜伽课程又将他们无一例外留下来。这样，口口相传。到了 2004 年，悠季瑜伽和默瀚已经成为国内口碑甚佳的瑜伽会馆和瑜伽老师了。

不过，悠季瑜伽本身没有什么改变，仍然是一个前台，一个默瀚，一个钟楼。

2004 年，在瑜伽朋友林敏的鼓励下，默瀚终于同意举办教师培训。7月，悠季瑜伽第一期教师培训开班。20 余名来自全国各地的学员汇集在日坛公园。他们中有已经有很好的瑜伽习练和教学尝试的李晓钟，有后来以《遇见未知的自己》著名的心灵作家张德芬，有后来成为悠季瑜伽优秀老师的陆翊，当时的悠季瑜伽中国老师陈惠，文君……箫箫 6 月 5 日出生，正值产假，我担任了默瀚的翻译，全程跟进了教师培训，自己也得到一次瑜伽知识普及。为了这一次的师资培训，默瀚做了大量的准备。与国内已经存在的师资培训不同，默瀚借用他在印度瑜伽学院的学习经验，以此为蓝本，设计了他的瑜伽课程。短短 7 天，瑜伽体式，冥想，理论，内容极其丰富。教师培训获得非常大的成功，口口相传，悠季瑜伽师资培训课程规律性开展起来。

默瀚的教师培训课程给了我很大启发。这时候，市场上除了蕙兰的《气功与冥想》瑜伽书外，已经开始有一些瑜伽出版物出现，但是大部分都是很肤浅的都市瑜伽书籍，而真正代表印度瑜伽体系的书籍根本找不到。国内仅有的几家瑜伽机构也很少接触印度传统瑜伽，大部分瑜伽习练者都不了解印度传统瑜伽。我开始考虑通过出版的方式将印度传统瑜伽推广到更多的人群中去。我和默瀚开始策划出版一本介绍印度传统瑜伽理论和习练方法的瑜伽书籍。

根据在印度多年的学习和教授经验，默瀚开始撰写《纯粹瑜伽——印度瑜伽习练手册》。书中除了对瑜伽进行基本介绍之外，主要以体式为基本内容，每个体式配以动作示意图，并附上其对生理，精神，能量的调节功效、适应习练人群、动作注意事项等。另外，还特别设计了综合瑜伽课程，包括减肥瑜伽，精力瑜伽，视力瑜伽，睡眠瑜伽，充电瑜伽，等等。并结合体式，调息，冥想等练习。书中还附有练习指南表，为各种程度的读者设置了不同的习练计划。我负责拍摄、排版、出版等事物，同时，制作配套的 DVD 光盘。这套书的策划及制作，是我的灰色转型时期最快乐的时光。每天工作之余，我全力以赴投入到这个出版项目中，享受着瑜伽，享受着主编情结。

那时，箫箫才几个月。家里的阿姨是新来的，她后来告诉我，她曾经很害怕。因为，她晚上睡觉时，我的楼上还亮着灯，她半夜起来时，仍能听到楼上的打字声，她早上起床时，我已经在穿衣打扮。她很恐惧地和院里的阿姨说：我家主人很怪，从来不睡觉。2005 年，悠季瑜伽第一本瑜伽书籍及瑜伽 DVD《纯粹瑜伽——印度瑜伽习练手册》由轻工业出版社出版，发行当月，全国售罄，马上再版，《纯粹瑜伽——印度瑜伽习练手册》成为当年瑜伽出版物翘首，至今，此书已再版 3 次，仍然受到瑜伽习练者的欢迎。

2005 年初，悠季瑜伽师资培训已经进行了四期，并不可置疑地需要继续进行下去。以简单分享瑜伽心愿建立的悠季瑜伽开始拥有会馆课程和师资培训课程。默瀚的教学也从针对北京瑜伽爱好者发展为面向全国瑜伽专业的老师。我感到了一种不可逃避的责任和压力。一向学院派的我决定必须尽快建立一套完整的教学体系，才可以回应这个需要，完成这个角色。而建立这个体系，即使默瀚是一位非常好的老师，但仍无法满足这个体系化需求。我需要有一个更加强大的支柱，一个符合中国国情，根基于科学瑜伽的体系。默瀚告诉我，他的母校印度卡瓦拉亚达汉姆瑜伽研究学院是最佳选择。

库瓦拉亚南达大师于 1924 年创办了卡瓦拉亚达汉姆瑜伽研究学院，致力于瑜伽系统学习，教授及研究，其研究成果也一直处于瑜伽领域的先锋地位。创始人斯瓦米·库瓦拉亚南达是将瑜伽进行科

2006 年，瑞诗凯诗与 O·P·缇瓦瑞大师在一起。

学解释的第一人，建立了有史以来第一个瑜伽科学研究实验室。其研究工作得到过包括尼赫鲁、英迪拉·甘地等著名人士的赞赏与好评。如今印度卡瓦拉亚达汉姆瑜伽研究学院在世界各地均设有分院。印度卡瓦拉亚达汉姆瑜伽研究学院的瑜伽文化引导了世界瑜伽领域的发展，在75年的历史进程中对印度社会及文化都做出了重要贡献，也奠定了不可取代的社会权威地位。

2005年，我利用春节假期到印度拜见O·P·缇瓦瑞大师的。当时，箫箫6个月，我总觉得在整个期间委屈了笛笛。于是，将箫箫委托给默瀚和笛笛的爸爸照顾，我带着笛笛启程去印度了。我们先在印度著名海滩GOA度假，享受母女二人世界，然后，一起来到距孟买百余公里的莱诺瓦尔（Lenovla）。著名的卡瓦拉亚达汉姆瑜伽研究学院就坐落在这里。我们下午来到学院。这次印度之行达成与卡瓦拉亚达汉姆瑜伽研究学院联姻，同时，有幸邀请到院长O·P·缇瓦瑞大师5月来华，开办中国第一次呼吸控制法讲座。

悠季瑜伽，重装上阵

印度之行，瑜伽深刻地进入到我的生命中。无论是个人习练，创办悠季瑜伽，还是策划瑜伽出版及制作……所有与瑜伽有关的行为和运作，都更像是心愿之为。想到了，有时间了，就去做了，没有设计，没有规划，也没有全力以赴。经常是忙于自己的高管角色，偶尔来到日坛公园；利用春节假日去趟印度，周末去选址，等等。2005 年，悠季瑜伽名声越来越大，师资培训口碑在业内直线上升，会员越来越多，申请加盟的瑜伽爱好者也络绎不绝。悠季平台上，新的老师开始成长起来，悠季瑜伽从面积到运力已经无法承载不断增加的需求和悠季瑜伽品牌美誉度了，要继续发展，悠季瑜伽需要我全力以赴地投入。

坦白讲，当时悠季瑜伽作为公司非常舒服。现金流很好，工作人员加上老师只有不到十人。没有财政压力，没有复杂的经营，以一种自然的状态惊喜地增长着。而我，刚刚告别创业的焦虑，也进入了自己的电影梦。我很犹豫。以光彩的电影为事业，加上悠季瑜伽充裕的现金收入，我在瑜伽中是一个纯粹的享受角色，这似乎是一个最现实最轻松的选择。但，不放弃电影事业，瑜伽方面，只可能让悠季瑜伽像以往那样，以默瀚为核心，专业的教学，简单的管理，有限的服务。悠季瑜伽已经显示出的推广角色、影响力和未来的发展潜力是无力继续推进的，已经有的平台雏形也会终究因为自我满足而萎缩消失；放弃电影事业，经营瑜伽，又重新回到创业状态，而且还是一个社会公允度不高的行业，我又很难接受。就这样犹豫着。夏天到了，央视传媒大型瑜伽节目《瑜伽境界》制片人来到悠季，我们共同策划大型瑜伽教学片；中国第一届瑜伽博览会也在紧锣密鼓筹备，策展人找到我合作；悠季瑜伽论坛人气极旺，成为华语瑜伽虚拟中心，我的脑子里有一个声音在呼唤：将瑜伽作为事业吧……

骨子里，我是一个不满足于独善其身的人。做人做事，我从来不会仅仅满足于自得其乐，获得共鸣才有无穷动力。我事业中的关键词是作为与意义。作为：自己的发挥，自己的成就；意义：社会的分享与影响力。瑜伽，是一个艰难的事业，相对于自己热爱的电影而言，它是一个最具有作为与意义的事业。能够将自身切肤的喜悦经验传播出去，提供一个思路和平台，让每一个进取的当代人也能像我一样重拾生命的快乐，是我今生的福分。我愿意为之奋斗。

终于，7月的一个周末，我把悠季瑜伽当时所有状况和懵懵懂懂混在一起正在发生的事情，画在纸上，化成圆圈之外的放射性，再梳理之间的互动关系，结果发现可以整合成一个可成为事业的会馆、培训、加盟、出版全方位架构的企业。瑜伽事业，不仅仅可以是一个简单的瑜伽会馆，而是一个真正的瑜伽文化平台。但是，涉及到再回到创业的老路，我心有余悸。为了更加稳定的发展，我自己做了一个评估分析。我静静地坐在书房，拿出纸和笔，把两年时间我在瑜伽中可以做什么，面临的收获和失败将是什么，一一列出来，写在纸上，结果出现，在设计的架构中：会馆需要更进一步的发展；培训已有口碑并有很好的体系延循；加盟需要引进专业咨询公司设计业务模块；出版更是一个毫无悬念的领域。将瑜伽作为事业，有清晰的经营思路和方向，有操作性，可控性很强。悠季瑜伽好像是遍地红彤彤的苹果，只要我低头拿，就能拿起来。财务方面，我根据已经发生的运营和项目，做了我自己企业的第一份财务预算表，发展的财务缺口呈现出来，可以通过融资解决。

为了进一步说服自己，我分析竞争市场及自己的优劣势，评估用三年的时间可以达到的目标，结果是我有充分的信心在三年之内把悠季瑜伽带成国内瑜伽行业领头羊，实现行业影响力。

2005 年再一次面临创业的我，与 2003 年已经有根本的不同。这一次，我深知创业的艰辛和自己将面临的挑战，认真分析将要搭建的平台已经具备的优势和面临的弱势，客观分析自己的专业背景及能力在这个平台上的延伸度。早在全身进入时我已经非常清晰，在瑜伽平台上我可以充分实现自身的专业价值和个人价值。我的传媒经历可以成为悠季瑜伽发展架构中文化角色的绝对保障；我虽不成熟的市场推广能力在瑜伽行业中已经占据优势；有体系支撑的悠季瑜伽教学定位和理念已经证明悠季瑜伽的品牌权威性和推动力，默瀚促成的与卡瓦拉亚达汉姆瑜伽研究学院的战略联姻也为悠季的专业性奠定了坚实的堡垒。我面临的弱项是财务管理及运营能力。而这两项在一个还未完全成熟的行业中是一个通病，并不是悠季独有的薄弱环节。

2005 年 8 月，我重新告别打工生涯，带着悠季瑜伽五年战略计划，再一次，登上创业征途。

2005 年是悠季瑜伽一个发展年。2005 年 9 月，作为中国第一届瑜伽博览会主要赞助商，组织当年历史上最大的国际大师讲师团，树立悠季瑜伽在行业中的专业地位形象。另外，通过从冠名到展台的制作，以数十万预算打造悠季瑜伽国内著名企业形象。悠季展台成为瑜伽博览会的一道亮丽的风景。高达三米的视觉墙，由数块屏幕组成，循环播放着我们出版的瑜伽 DVD 和与央视传媒合作的瑜伽画面，众多电视采访，我们和大师的合影等，真实性很强也很震撼，展区选择简约的素白色的幕布落下来，上面悬挂着一个个悠季瑜伽定位，项目介绍，师资介绍，等等。通过发挥以往的视觉经验，我将悠季瑜伽的高端与专业定位充分展示出来。

不过，那一次博览会，也尽显了我的弱项。首先，一切工作是在没有预算计划下完成的。其次，悠季瑜伽为大会组织的国际大师团是博览会的亮点，悠季瑜伽与主办方是分成结算。票务工作由组委会负责。而我竟然既不要求报名统计，也没有安排人员到会场核

默瀚在央视传媒大型瑜伽教学片《瑜伽境界》中担任专业编写和演示。

实参加人数，最后结账时是单方报知。还有，在人头攒动的展台，我只安排员工问候服务，却不知留下热心询问的爱好者的名字和联系方式……那时，虽然怀揣战略计划，但是，骨子里仍然停留在主编角色中，非常局限和片面。

博览会上的运营欠缺并没有影响悠季瑜伽在这个平台上的核心收获。在这个至今为止仍然是中国社会及行业参与最大的瑜伽博览会上，悠季瑜伽高调亮相，成为瑜伽行业的瞩目企业。在吸引了众多瑜伽爱好者注意的同时，也让来自美国的瑜伽大师对悠季瑜伽有所了解，我们双方在博览会期间有了很成功的沟通，为悠季瑜伽获得全美瑜伽联盟认证体系起到良好的作用。同时，悠季瑜伽展位现场的热烈景象，也获得投资者的信心，因此在 2005 年 10 月成功获得 400 万元天使资金。悠季瑜伽轰轰烈烈地开始了。

第一个五年计划

2003 年到 2005 年间，悠季瑜伽基本是晃晃悠悠过来的，好像瑜伽事业是我的备胎，完全不在我的注意力之内。

重归悠季后，我做了一个五年规划，三年之内完成战略框架：实现战略区域建设，加强培训项目，规范加盟业务，开展瑜伽出版，达到行业领头羊地位。再用二年完善管理，稳定发展。

首先，进行市场战略部署。两年之内，建立战略基地。以北京作为核心，以上海锁定华东区，广州锁定华南区，重庆锁定西南区，分部发展计划昭然若现。

培训业务。作为生命科学的瑜伽博大精深，需要一个系统的培训，而国内流行的，包括悠季瑜伽正在执行的教培课程都过于单薄。我考虑必须打破这个市场惯例，在考察印度及欧美瑜伽认证体系后，我发现全美瑜伽联盟的师资认证体系很全面也很容易引进中国市场。同时，它具有的资质认证在全球得到非常好的认可。可以完全解决师资认证中的权威认证障碍。于是，引进全美瑜伽联盟 200 小时体系成为明确的方向。在引进的过程中，我们的原则非常明确，就是根基于印度传统的瑜伽，开发适合中国市场的培训课程。对我们来说，美国的认证体系是骨架，但血肉是用印度传统瑜伽培训体系来填补的，所以在西方的形式主义下，具体内容严格按印度传统进行。在悠季瑜伽的发展过程中，坚守传统瑜伽从一开始就成为明确的定位并一直贯穿在悠季瑜伽的教学中。无论是大师讲座的选择，印度传统流派的引进，都是延循最本源的瑜伽理念。同时，在整个经营过程中，密切关注国内瑜伽受众人群的需求，不断推陈出新。悠季瑜伽的教学体系不是一个古板的教条体系，而是一个在中国市场中，以传统瑜伽为本，具有很强原创性的教学体系。以默瀚为首的悠季瑜伽教师团队，在自我的精进及众多瑜伽大师的提携下，不断完善悠季瑜伽课程，无论是从会员课程设计，还是师资培训设计，都恪守传统瑜伽本质，形成符合中国瑜伽受众人群的瑜伽教学体系。

以美国瑜伽联盟 200 小时为模板，悠季瑜伽于 2006 年正式启动新的师资培训体系，推出国内第一家 200 小时瑜伽师资培训，将国内流行的 7 天培训直接升级为一个月培训。综合全面的知识，密集系统的课程，全球通行的国际文凭，出色的师资配给，使悠季瑜伽师资培训迅速在瑜伽领域风光占尽。

在建立自身教学体系的同时，发挥我自身的国际工作经验，我还积极开展与国际大师的学术交流，组织各类大师讲座。2005 年，全力进入悠季瑜伽，我开始举行大师讲座。将瑜伽各主要流派的代表大师请到悠季平台，进行国际瑜伽市场上的顶级培训课程，为国内瑜伽爱好者提供最高水准的专业参照与楷模。自此，中国瑜伽专业领域的许多第一次在悠季瑜伽平台上发生了。2005 年，国内第一个国际呼吸控制法讲座，由印度著名呼吸控制法大师 O·P·缇瓦瑞讲授，2006 年，第一个阿诗汤加瑜伽培训，由全球闻名的流派代表 David Swenson 教授，第一个国际孕妇瑜伽培训，由美国著名女性瑜伽导师 Veronica Zador 教授，第一个中国艾扬格瑜伽师资培训，由艾扬格大师亲派弟子梵克导师讲授。大师讲座有效地树立悠季瑜伽在瑜伽行业的品牌地位，获得"最好的大师讲座在悠季瑜伽的美誉"，为行业提供了专业标杆。此外，我们更是通过与大师的合作，得到珍贵的交流机会，为悠季瑜伽的教学和方向获得了更多的经验和指导。

加盟是一项具有很强的业务特点，充满法律约定和合同的行业，对品牌同时具有推广或损害的双刃剑功能。对我来说，这是一个已经开始但难以控制的领域。我无力做也没有专业经验支持。我采用拿来主义政策，直接引入业务模式，请国内加盟领域著名管理公司为悠季瑜伽设计加盟体系及加盟手册。另一个方面，为了更好地发展加盟，有效地保护悠季瑜伽品牌，我创办悠季瑜伽姊妹品牌悠季莲花，以用于加盟业务的发展。

在瑜伽中重拾本行

分享瑜伽是创办悠季瑜伽的初衷，经营悠季的时候，推广瑜伽成为我列入议事日程上的首要任务。在我的职业生涯中，一直是主编角色，从来没有真正进入市场角色。带着这样明显的背景痕迹，悠季瑜伽的品牌打造与推广以图书出版的形式实现反而又成为自然而然。在我看来，具有五千年历史的瑜伽是人类文明史宝贵的生命科学。它的博大精深与文明等同。习练瑜伽中，知其然，并知其所以然是一个不争的基本要求。《悠季丛书》是一个具有重大意义的工作。

《悠季丛书》出版是我非常享受的过程。第一本瑜伽图书出版——《纯粹瑜伽——印度瑜伽习练手册》——是在工作之余完成的。当时，担任电影公司 CEO，周末的时间是写书。默瀚进行专业性写作，一些过渡性文字及编辑方面的工作由我来组织完成。书中插图是王小宁拍摄的。仰仗于以前的主编经历，让我与这位中国著名摄影师结缘并成为好友。小宁镜头下的瑜伽图片是至今为止我看到的最干净的图片，平静的瑜伽图片，精于影道的功底加上谦和的本性，让他镜头下的瑜伽很本真。默瀚的所有瑜伽图片中，这么多年过来，仍是王小宁的默瀚图片为最经典。以至于时至今日，悠季瑜伽的众多形象中仍是使用他的作品。排版是由我在桦榭出版集团的老搭档龚焕完成。多年下来，我们已经从工作中的并肩战友成为生活中的闺中密友。悠季瑜伽从一开始创办，所有与设计有关的工作全部自然由她承担。悠季瑜伽醒目的标志，就是她的杰作。这本书的设计自然也非她莫属。《纯粹瑜伽——印度瑜伽习练手册》的出版当月，全部售罄并再版，成为当年瑜伽类书籍销售榜首，并连续几年在当当网持续销售。手里捧着充满墨香的自己亲手出版的书籍，心里涌上非常强烈的成就感。

2005年后，每年都会有新的书籍出版。《悠季丛书》主要是引进印度及欧美出版的瑜伽经典著作，书籍分为瑜伽古籍，瑜伽历史，瑜伽实用类书籍，包括瑜伽流派书籍，瑜伽理疗类书籍。同时《悠季丛书》还组织内地瑜伽领域专家撰著具有中国特色的瑜伽专著。在出版过程中，我主持了所有编辑及组织工作。商讨版权，寻找翻译，亲自审稿，安排校稿，审核排版等。瑜伽书籍专业性很强，又有大量的专业名词，每次都需要请英文出色的瑜伽专业人员进行至少两次专业校对，然后再安排正常的编辑校对。其次，还有插图拍摄排版等。仿佛每年都在进行新刊创作。在这个过程中，我不断地阅读大量的瑜伽书籍，悠季丛书的出版工作不仅让我继续享受媒体人的快乐与成就感，更重要的是，让我在工作的需求中，潜心阅读，聆听瑜伽的教诲与启迪。

《光耀生命》是悠季丛书中的一个重要出版项目。版权经历比较曲折但最终如愿以偿，而寻找合适的译者也成为这本书的一大挑战。

2007 年初购买版权后，因为此书中的智慧含金量，一直寻找能够将其传达的译者，直至 2008 年初，终于通过沈浩波先生，找到杨玉功先生。我心安地看到艾扬格大师的智慧在他准确、考究、深邃的文字间流淌。真诚感谢他的出色译作，让我们获得大师的精辟指引。《光耀生命》的出版过程也是我深刻学习的过程。这本书籍从选项，到审稿，我通读了数遍。虽然每一次抱有不同的工作目的，但是都让我再一次浸淫在艾扬格大师的谆谆教导中。在书的后记中，我描述了我的深切感受：

> 我的瑜伽习练经历是很多瑜伽习练者所熟悉的，虽然表现形式各异。这些身心的变化演变成我们每一个人的修习感受，我们交流，我们自语，我们寻求。读《光耀生命》，好像有大师在你面前，陪伴你审视你的瑜伽修习。字里行间中，你会忽然撞到修习中寻觅已久的答案，忽然得到生命的豁然启悟，忽然被注入了一种信念和愿望……没有任何一本瑜伽书籍如此真实地带我们进入瑜伽修习的真实含义。

《光耀生命》的出版也引起众多读者的共鸣。在当当网上，可以读到数百名读者的热情留言：

> 《光耀生命》这本书几乎是我的枕边书。无论什么时候你看它，都会有很大的收获，它让你懂得什么叫作向内观察自己的

心声，平静自己。随着时间的流逝慢慢品味，你的内心会得到升华。对瑜伽有一种截然不同的认识，是热爱瑜伽的学者的必读之书，它会伴你一路成长。

瑜伽著名古籍《哈他之光》也是悠季丛书中的重要出版物。在众多典籍中，《哈他之光》和《格雷达本纪》被公认为最具权威性。几百年来，哈他瑜伽的习练者遵循着这些圣哲们传承下来的典籍，不断地在习练中进行实践与完善，终于使哈他瑜伽成为现在广为人们所接受的瑜伽练习方式。这本书比《光耀生命》还艰难。它是类似《论语》类书籍。这本书已经翻译了两年。请不同的熟读英文的瑜伽习练者校对了至少五次。最终，我决定出版中英梵文三语。将最个人化的理解交回到读者手中。

自 2005 年 9 月，我正式全身进入悠季瑜伽，悠季瑜伽进入正式的经营阶段；2005 年 10 月，悠季瑜伽成功获得 400 万元天使资金；2005 年底，悠季瑜伽完成引进美国瑜伽联盟 200 小时资格认证体系，成为国内第一家拥有国际师资认证瑜伽体系；2005 年 10 月，北京东方广场会馆成立，11 月，广州分部成立；2006 年 3 月，北京中关村会馆成立，2006 年 6 月，悠季瑜伽姊妹品牌悠季莲花创立，并建立悠季莲花望京旗舰店，同年，悠季瑜伽加盟体系及加盟手册完成；2006 年 7 月，重庆会馆创立；2007 年底，上海分部成立。悠季瑜伽会馆遍布全国，拥有北京，上海，广州，成都等 9 家直营会馆，及遍布全国近 50 家分馆。由国际大师组成的年度悠季瑜伽大师讲座，为国内市场提供行业最高参数。悠季丛书出版十余本著作……2007 年，悠季瑜伽（中国）荣获中国中小型企业"成长之星"荣誉，2008 年，荣获中国新兴产业十大连锁企业奖，2015 年，悠季瑜伽（中国）获得"2015 中国（行业）品牌新领军企业"荣誉称号，2016 年，悠季瑜伽（中国）获得"2016 中国品牌影响力（行业）十大最具价值企业"，2016 年，悠季瑜伽（中国）获得印度驻华大使馆（北京）"杰出贡献奖"……悠季瑜伽已成为国内瑜伽领域的领头羊企业，悠季瑜伽的品牌形象是一个品质的象征，一个出色的教学，一个真正的启蒙，一个积极的推广者。

第八章

创业是一个攀岩的过程

2008 年获得印度政府颁发的瑜伽特别贡献奖。

与悠季瑜伽一路相伴，我获得很多意外，有感恩和老天的眷顾，不过这只是冰山一角，接下来，更多的是不可思议、沮丧和委屈。理想和现实的巨大差距是要在每个日子里靠反思和调整去填补的。从一个文人到一个企业家好像一个心理上的长征之路，自己和企业都得到了很好的历练和成长。但是，那时那刻，你要做好告别驾轻就熟的从容，放下所有的骄傲和自信，从零开始的准备，因为抱负、挑战、混乱、危机及心力交瘁都会不容分说地混在一起，向你飞去……

　　一生中最大的挫败感，而且是一连串的挫败，都是在悠季瑜伽发生的。

　　从小，我习惯了被当成天之骄子，从小学歌咏比赛的指挥到中学尖子生荣登榜首考入北京大学，从北京大学直接迈入北京电影学院研究生到再赴法留学，一路上都是载着光环前行。法国留学时生活上的拮据对于自己从来就不是什么挫败，而是难得的人生体验，因为心里清楚那只是一个过渡，包括回国在法国商务处微薄的实习生工资，都在我计划中是必须经历的；职场生涯也是一路闯关成功。习惯了没有考不过的试，没有拿不下的学位，没有获得不了的职位。真正面对挫败，是在悠季瑜伽。因为这种挫败是发生在关键过程，关键时间，是拼命努力却没有得到满意的结果，就像是经历了一场场不仅没有考得满分的考试，而且每次败场还必须重整旗鼓，再次赴考。

在习惯了拥有很骄傲的职称和很强大的平台后，当我完全落在自己的弱小平台悠季瑜伽的时候，我毫无选择地需要直面一个个现实，经受着考验。

当一个前台应聘者选择了公路加油站，而放弃了悠季的会籍顾问岗位时，我真的很沮丧；

当团队的平均学历都是中专，邮件中错字百出时，我真的很沮丧；

当作为核心团队的老师不会写文案，不懂得备课，没有职业人的状态，我真的很沮丧；

当我的手机上接到一个短信说，"如果你连马桶的问题都解决不好，你就不要再办什么瑜伽馆了"，我真的很沮丧；

当完成前台礼仪培训后，在前台碰见会员："给你的员工培训啊，起码知道见了面说你好啊。"我真的很沮丧；

当习惯做高管的会员颐指气使地过来，"尹岩，悠季管理问题太多了，你还学 MBA 的呢，用一下啊。"我真的很沮丧。

我做事情追求完美，当有些事情无论我怎么努力都无法达到我想要的完美的时候，我真的自卑了。悠季瑜伽的运营管理就像是这个魔。曾经想过如此繁复的管理交给别人负责，但是发现放权了以后，这些信息仍然会回流到你这里。作为一个企业家，需要直面的是财务安全，法律安全，运营健康，客户满意，没有任何责任能够逃避，团队的错误也脱不开干系。而在这个所有之上，我还需要恪守创业的初衷。在整个悠季瑜伽的经营过程中，真的有攀岩的感觉。心中是不放弃的理想，面前是错综复杂的地况，要求你有储备，有装置，有技巧，有勇气，有应变能力，最后，有天助。放飞理想是看云，追求理想是踏青，达到理想，就是登天。2005 年在书房里摆棋布阵时，我从来没有想到会将自己推入一个充满如此挑战的处境。但，我已经上路，而且要达成理想！我真的需要持续地咬紧牙关坚持。

按照一贯的学院派方式，在企业经营过程中，我阅读了众多经济类及企业管理书籍，希望能够以专业的方式经营悠季瑜伽。每次面对一个项目我就好像备考一样要把相关的知识全部看一遍，再把我认为有用的挑出来。随着悠季瑜伽的发展，家中的经营书也与瑜伽书一样的多，远远超过了时尚丛书。财务管理、市场营销、行政人力资源管理等方面的书籍，好像高考做笔记一样，秉承拿来主义精神，将书分类通阅。每一本读过的书充满了折页和便签。不过，经营管理是一个不断进修的课程，即使有知识的支持，理论落地却是一个如此复杂和漫长的过程。没有团队，没有经验，我陷入最大的事业困境。从来没有想过做企业需要付出超乎主编时代 20 倍的辛苦和努力；从来没有想过自己不得不面对如此多的没有温度的事物与人；从来没有意识到原来自己还有这么多无力的领域；10 年职场上唯一一次因明星链大片陷入的压力状态却成为悠季瑜伽经营中的家常便饭。经营中，在像花一样不断绽放的机会旁边，是像空气一样无所不在的问题和挑战。

财务管理是我的一大弱项。2005 年，当一位朋友告诉我做一个企业你只需要看懂两个表：损益表和资产负债表时，MBA 后的我，这两个表仍然对我来说是天书。对我而言，数字在上面是跳跃的符号，没有任何叙述能力。2003 年到 2004 年，悠季瑜伽的实际收入和支出，盈利还是亏损，我一无所知。2005 年真正进入悠季瑜伽后，开始了我的财务成长。第一批天使基金融资 400 万元到位后，我拟定了一个预算计划。但是，那时候的预算对我来说形如虚设。由于装修、经营、收入都没有严格按照预算执行或落实，到 2006 年，天使基金非计划性全部用完。当时，悠季瑜伽从一个北京两个场馆的企业，已经成为北上广三地的 8 家会馆的企业。员工人数也由以往的 10 人骤增为 200 人。开支数目大到让人心惊胆战的地步。那时，在我的个人账号里，我永远留有 100 万元活期存款，以备企业现金流需要。逢年过节，我还需要预支数十万元资金为员工发工资，过节费等。我经历了倾尽私囊以保障会员权益，我面临过数以百万计的经济损失。在沉重的财务责任下，我开始严阵以待。从 2007 年开始，我严密关注收支平衡表，进行预算经营，并及时根据财务形势调整业务。

悠季瑜伽开始时的投入很少，2005 年以后逐渐开始加大投入，总投入上千万元。每年的发展又不断地产生更多支出和利润。白手起家做企业的时候，一个人要做十个人的事情，第一需要软实力，第二需要硬实力。软实力包括你的经验、知识和抱负。硬实力就是你的财务实力。坦白讲，当时能吸引到天使基金，也是因为我的整个表现让人看到我在瑜伽上的抱负和信心。但是，打造硬实力就是企业的生命工程了。2007、2008 年全国形势非常好，整个年度都有盈利和增长，但是 2008 年底金融危机爆发，金融危机是否会对 2009年的消费产生很大影响？我是不是足以维持所有的经营？怎么能按照现有的企业产出，计划支出，降低有可能出现的负利润。2008年金融危机让我有意识把整个企业的预警机制建立起来，在不影响企业定位和大的发展方向的前提下，理性控制发展，保证未来的财物安全。从数据出发，与理念结合，再回到数据。我做企业的最大进步是从原来一个简简单单从来不跟数字打交道的人变得从数据出发。以前从来没有这个意识，当你承担所有支出，又不希望违背自己做人的原则的时候，你不得不面对这些，这是最实实在在的，就像要生存，需要知道粮食和水在哪里。企业主某种意义上"家长概念"更强。企业要做到多大，要怎么发展，我从2005年心里就有数了，但是怎么带着企业往前走，最终还是要依赖财务状况。每个做企业的人走到最后整个人对企业的理解和概念都不一样了，做企业很锻炼毅力和眼光，因为有太多实实在在的需求要去面对。最简单的，当企业现金流出现问题的时候，就需要拿出私蓄，这就威胁到个人生活的安全了。要防止这种威胁，就要防患于未然。经营悠季瑜伽的几年，我的数字敏感度直线上升，从以前的不看账目，完全抗拒财务，到阅读财务报表时直接转化为经营状态，这是一个痛苦的提升过程。随着运营的日渐有序，悠季瑜伽以每年稳步的增长走入正轨，我终于可以长舒一口气。

悠季瑜伽在整个企业定位上从来没有走过弯路。企业的形象、宣传重点、经营内容的设计、市场拓展等一直都很清晰。但是在经营中却遇到一个很大的困扰，就是，我是一个做内容的人，而且还是一个有很强法兰西自由文化风格，做电影和时尚领域内容的人，创意永远大于秩序。带着激情和自由的人文主义状态投身瑜伽事业，却一头撞进了教育＆服务行业，一个基于人力的行业，职业技能要求准确，管理要求严谨有序。流程化管理，职业素质培训，职能精细分工成为日常运营的基本保障，而这方面却恰恰是我的软肋。

在带领团队上，我也遇到了很大的挑战。我以往的团队经验都是工作性质中独立性很强，选题会上头脑风暴后，每个人带着自己的编辑工作离开，带着编辑结果回来，我再修正。而我个人的专业经验也足以让团队选题会上目标明确，操作前指令清晰，操作后指导到位。其间的培训，都是在个案中自然发生的。编辑部的组织工作像青云白鹤，最后汇集在青山绿水中。是一个对个人能力发挥有极高要求的组织结构。但是，作为一个会馆或学院的组织工作业态却是天壤之别。虽然承认麻雀虽小，五脏俱全的性质，但是操作时的蜘蛛网业态却让我无所适从。它像是一个划艇，需要齐心协力下，动作划一，口令清晰，目标单一，步调一致。这种对集体素质和集体意识的一致性要求与我本人的习性完全不同，成为我经营过程中最大的挑战。

在经营理念上，我也曾经有过严重失衡。在悠季瑜伽初期，我从来没有意识到经营悠季瑜伽还有服务这个层面。外人可能认为我滑稽，瑜伽会馆怎么可能不是服务行业？可是我确实就是愚钝到从来没有想到这点。我几乎用了两年的时间承认了一个事实，保洁真的跟老师同等重要！由于悠季瑜伽的专业性、教学口碑、瑜伽推广角色收到了市场上和行业的一片赞声。我很自我蒙蔽，偶尔听到有会员不满，发出"要不是看中你们的课程和老师，你们悠季我这辈子都不会踏进来！"的强烈抗议，我却一直没有给予足够的重视。也许，我曾经的成绩令我走入了误区，我是如此自信，认为悠季瑜伽教学和悠季出版有口皆碑而沾沾自喜，会员的抱怨，如前台太乱，卫生不好，我总是选择性地听，大脑留存的都是大家赞美悠季，陷入了"悠季完全受欢迎"的伪命题中。

但实际上在完成品牌定位及核心竞争力后，我们面临的最大挑战就是如何建设一个服务平台的问题。服务需要做什么？如何提升会员感受度？需要什么样的硬件和软件体系来保障？这些问题，多数是我们在懵懵懂懂的状态下慢慢发现，慢慢对待，再慢慢纳入流程进入正轨的。

2006 年夏天，山海关户外瑜伽，我亲身经历会员的强烈愤慨。终于，以一种极端的方式：客服，作为一个概念，进入到我的视野里。

2006 年，我们组织会员到山海关户外瑜伽。行前我们将课程设置，老师安排进行得非常周密，但是，把习练场地、食宿交付给秦皇岛加盟馆安排。北京会员参加人数 30 余人，我随同北京电视台摄制组一同前往。出发前，我没有确认秦皇岛一切细节，最夸张的是，我竟然没有配备任何服务团队一同前往。我们分组两辆车前往。会员在一辆大轿车上。开出北京 100 余公里，会员乘坐的客车爆胎，全体会员被放在高速路白晃晃的太阳下面，等待北京派出的新车抵达。我抢先到达目的地，急忙巡查海滩瑜伽场地。发现加盟馆联系的是一个海产养殖场，沙滩上弥散着臭鱼烂虾的味道。我急忙四处寻址，终于在山海关长城尽头找到一个弯处沙滩，可以闹中取静习练瑜伽。有惊无险！我甚至暗暗庆幸高速路的爆胎，给我时间弥补了这个大的疏漏。会员到了山海关，住所非常简陋，伙食质量不尽如人意，没有悠季员工配套服务，会员有问题也无人解决，怨气开始积压。第二天，日出晨练，由于没有确认叫早服务到位情况，致使有些会员错过了日出晨练，会员情绪开始表露出来。但由于户外瑜伽课程和老师都非常好，会员便没有再多言。回来的路上，轿车再一次出现故障，会员的愤怒爆发起来，强烈要求和尹岩对话。在高速路的一个加油站，我登上了会员大轿车。轿车里坐着满满的会员。我站在司机旁边，面对数张愤怒的脸。在这个封闭的空间里，一声声投诉，一个个抱怨，带着过激的情绪和口吻，铺天盖地投向我。从这一次具体活动的不满一直延伸到对整个悠季瑜伽的不满。那是悠季瑜伽从诞生那天开始，我第一次直面指责，而且无言以答。正在会员集体口诛笔伐的时刻，"砰"的一声响，轿车又爆胎了。再一次炸窝。

到了北京，大雨滂沱，轿车停到朝阳会馆门口，会员们上了各自接送的车四散而去。没有听到一位会员友善地说"再见"。习惯于每次活动后分享收获，这一次，却自己一个人很荒凉地坐上自己的车。天很黑，雨非常大，经过了两天的辛苦，一场责骂，看着会员一张张不快乐的脸在雨中慢慢隐去，我在车里哭起来。

永远忘不了我站在车前，面对会员讨论："再也不去悠季瑜伽了！""可是，不去悠季瑜伽，还能去哪啊？"两种声音对悠季是又爱又恨。我从来没有想过悠季瑜伽会让会员受到如此伤害。

为表歉意，我将这次户外瑜伽的费用全部退还给会员，同时下决心要把服务抓上去。当我真正意识要狠抓客服的时候，我才发现，原来客服和教学同样艰难，道路甚至更加漫长。

山海关之行，大客车的频频故障也是一件很诧异的事情。有时设想，如果当时没有客车故障，也许山海关仍是像悠季瑜伽平台上的所有瑜伽活动，带着欣喜结束。而这种近乎戏剧化的连锁故障，几乎是天意了。总之，由于故障引发的愤怒，我开始强调工作中的客服环节，并建立体系，设计各种流程，客服在悠季瑜伽创办 3 年以后，终于进入到管理纲要与任务中。

2007 年，随着悠季的发展，市场上开始弥散着一种反悠季的声音：悠季在把瑜伽当成商业，进行商业运作。当时正是悠季发展期，经营业务急速扩大，我面临着强大的财务压力。这个时刻，面对那些指责悠季瑜伽进行商业运作，甚至质问我是否在做商业运作的言论，我真的无语。搭建一个平台，维持平台的运转，是需要经济支持的。这样的天经地义还需要讨论吗？但是在当时的情况下，似乎真瑜伽与商业无缘论很深入人心。当一边是瑜伽行业普遍经营困难，一边又是瑜伽无权商业运作的噪声，对于一个已经没有多少专业化运营的行业来说，这种日渐频繁的无商业论调对行业发展会产生不良导向。我坦然面对所有的质疑，因为在我的心中，我坚信我的路是对的。我开始在我的平台高声呼吁瑜伽商业运作。在博客上我将自己的想法明确正言。

我当然在做商业运作。悠季瑜伽不仅是一个瑜伽平台，它更是依附在一个企业基础上的平台。只有进行商业运作，才能够保证企业的正常运行，才能完成企业要执行的目标，才能达到这个平台的理想。这也是悠季瑜伽能够不断成长的原因，我们不仅有推广瑜伽的理想，我们还有实现这个理想的能力，无论是从专业能力上，还是从商业运作的能力上。

　　我不明白，现在大家针对悠季瑜伽的很多指责是悠季瑜伽盈利，或者换一种方式，以瑜伽作为手段盈利。难道瑜伽会馆不应该盈利吗？为瑜伽市场带来最专业的瑜伽讲座，有品质的瑜伽教学是悠季瑜伽要致力达成的目标。所以，有了悠季瑜伽组织的国际大师讲座，引进的200小时教师培训，品质教师团队，会馆的经营。在这些努力的背后，是悠季瑜伽的商业运作支持来完成的。没有一个慈善机构会出资赞助，也没有一个参与者可以无私奉献，这是正常的商业运行规律。如果悠季瑜伽所进行的瑜伽活动都不能保证盈利，那么悠季瑜伽能用什么方式继续瑜伽方面的追求，悠季瑜伽的从业人员又如何继续为这个统一目标精诚合作，努力达成呢？

　　如果，逻辑是，真正热爱瑜伽的人不应该采用商业运作，采用商业运作的就不是热爱瑜伽的人？那么我们可以假设：市场上真正的瑜伽者在生存线上挣扎，无力在市场上产生影响，而以盈利为根本目标的，不尊重或了解瑜伽的纯粹商业运作者因为不断盈利扩张。你们认为这是对中国瑜伽市场有好处的吗？

悠季的商业运作是悠季瑜伽实现理想和目标的保障，这也正是悠季瑜伽能够在市场上异军突起，成为极有影响力的瑜伽机构的原因。对商业运作的质疑已经造成瑜伽行业的一大误区。我积极呼吁，请热爱瑜伽的朋友，有志于将瑜伽作为事业的朋友，在实现理想的路途中，尊重市场规律，认真面对应该具有的最基本商业运作，否则不是过于自大，就是过于理想化。

我为我们的商业运作自豪，正如同我为我们实施的瑜伽教学和推广工作为中国瑜伽事业产生积极影响而自豪一样。

此文发出，得到很大的回应。一位网友在我的博客上留言：

"从企业管理的角度来说，尹总你十分成功地运作了悠季，十分欣赏你的智慧。其实，悠季是一个会所，一个瑜伽的平台，很多朋友从中受益，我也是受益者之一，希望悠季走得更远……悠季不是一个政府福利院。"

另一个声音也出现：

"瑜伽就是一种服务商品。在现今时代，瑜伽就是一种给人提供身、心、灵健康与成长的高端服务产品。真正瑜伽者在付出自己优质教学的同时，完全有理由享受丰厚的物质待遇。"

后来，读到《当和尚遇到钻石》一书。书的作者麦克·罗奇格西是一位身在商界，实修清净行的僧人。他将《金刚经》融会贯通，运用万法潜能，发挥在商场的经营上。在讲述如何将一个一无所有的钻石公司建立成年盈余数百万美元的跨国公司故事，他讲述了修行中经营的三大原则：第一，做生意就要成功，就要赚钱。要用干净诚实的方法赚钱，要用健康的态度来看待拥有金钱的事实。只要做到这些要求，赚钱和修行两件事情绝不冲突，事实上，它也可能变为修行的一部分。第二，我们应该能够享用金钱。创造财富的过程要保持自己身心的健康。第三，一个人应该能在最后回顾自己的事业时，告诉自己这些年来的经营是有意义的。从经营事业和经营自己的方法中，看到一些永恒的意义，为世界留下好的榜样。

　　麦克·罗奇格西以自身的经历和修行给予了一个经营与修行关系的绝佳榜样。自此，我按照这三条原则，没有任何心理负担探索经营。今天，在经过金融危机，健身行业危机，瑜伽发展的考验之后，瑜伽行业已经进行了多次瑜伽经营讨论，还出现了专门的瑜伽经营顾问公司，行业终于面对现实客观地经营起来了。

　　对于悠季瑜伽的发展，教学内容也应市场发展需求日益丰富起来。我们开始在初期单纯的哈他瑜伽课程外，引进更多有传统根源的瑜伽流派。其中包括大力开展艾扬格瑜伽体系的引进和推广工作。艾扬格瑜伽是一个非常实用且科学的瑜伽习练体系，在全球得到拥戴。由于艾扬格体系本身的严谨性和艾扬格大师的严厉要求，所有的专业课程都是需要艾扬格大师确认后才可以进行的。2006 年，悠季瑜伽引进艾扬格瑜伽大师的工作坊，开始向国内提供艾扬格瑜伽正宗的学习课程。2008 年，悠季瑜伽得到艾扬格大师恩准，与其大弟子梵克老师合作，开始历时三年，六个阶段的中国首届艾扬格瑜伽师资培训课程。并同时出版艾扬格大师著作《光耀生命》，培训课程在国内引起极大反响，在众多学子的要求下，又连续开设三期学员，艾扬格瑜伽在悠季瑜伽平台以很大的声势展开起来。由于艾扬格体系中在体式归位习练中的特点与一些传统瑜伽流派的体式习练风格有明显的不同，市场上开始出现悠季瑜伽开始转向艾杨格瑜伽，不再坚持传统瑜伽理念的评论。老师内部和会员也受到此类议论，开始怀疑悠季瑜伽的传统瑜伽定位。

　　针对这种质疑的声音，我选择请艾杨格大师直接给出答案。在对艾扬格大师的一次采访中，我问道：您如何看待传统瑜伽的概念？我们深信艾扬格瑜伽严格遵循传统瑜伽的信念及原则，对艾扬格瑜伽习练中的精准指导和要求与某些传统瑜伽流派教学中对习练者的顺其自然的要求，我们应该如何清晰地看待而不会产生误区？艾扬格大师回答道：传统瑜伽与我的瑜伽修炼方法之间没有区别。即便是帕坦伽利在撰写其经文时也宣称他是在阐释其前辈所修习的瑜伽。我曾有过自己的上师，我的上师也有他的上师，如此代代传承。因此我从未说过我习练的是一种新的瑜伽。在我的瑜伽修习中，我只是将缺失的链条连接在一起。仅此而已，我所习练的仍然是纯粹的传统瑜伽。由于数世纪以来劫掠战乱及外族统治等历史原因，许多

2011 年，北京。默瀚和我送给艾扬格大师中国弟子分布图，令大师开怀。

东西都丢失了，其中也包括瑜伽修炼。我不过是通过重新发现把将遗忘的部分连接起来，使瑜伽又可以永葆精准和纯粹。帕坦伽利说过，瑜伽是一种戒律，而戒律即瑜伽。至于体式，许多人将"Sthira Sukham Asanam"解释成"尽其所能并保持舒适"，但此种解释恐怕并不符合《瑜伽经》中的第一句经文——"现在，我来阐述瑜伽行为之法则"（或者 Atha Yoga Anushasanam）。瑜伽不是在心之框架内安乐修习，而是要超越心之界限。

质疑声在大师的回答下清者自清了。不过，这种质疑的发生也引起我们对于在秉承传统瑜伽原则下的"纯粹瑜伽"命题定位有了更深入的思考。八年前，当中国瑜伽待兴之时，悠季瑜伽以醒目的"纯粹"二字宣传传统瑜伽定位。今天，传统瑜伽概念已经深入人心，瑜伽爱好者也已经以更深入的态度习练瑜伽，瑜伽市场也出现了各种瑜伽学派。在新的形势下，悠季瑜伽需要以更加明确的方式诠释传统定位。在这个思考下，我们重新调整了悠季瑜伽定位，由原来的"纯粹"递进为"集萃"，纯正的本源，集萃的流派，以此将悠季瑜伽打造为所有以传统瑜伽为本源，遵循瑜伽教义的瑜伽学派的展示和学习的平台。

悠季瑜伽的创业过程不仅是攀岩，更是一个负重跋涉的过程。经营悠季瑜伽让我明白，负责任不是一个道德范畴的事情，而是一个毅力层面的事情。责任这两个字的背后是需要你把很多事情承担起来，是克服所有的困难。身为三个孩子的母亲，一家企业之主，老实说，无论是对企业还是家庭，责任真的是很重。在经营过程中，很多志同道合的朋友欣然加入，但进入到具体的工作后，因无法顺利达到目标或遇到从未想象的困难，举步艰难时，最终都选择离开了。每到这个时候，我虽表面笑纳大家的请辞，但却感觉受到很大打击。同时感慨，谁都可以选择离开，而我却无权放弃。我只能在一次次的重整旗鼓中，坚持走下去。有时候，我会有很强的人到中年的感觉，因为，就在同一个时刻，父母，孩子，企业的事情都涌出来，都是责无旁贷的。头真的很大。碰到这时候，我必须首先深吸一口气，冷静下来，先接受它，然后对自己说"面对吧！"每逢此境，我会很沉默，稳住自己的情绪，一件件去清理，将可做的安排无力地放下。以与"情到深处人孤独"同样的寂寥应对着，经常满腹苍凉。很多时候，我背着家人同事咬牙坚持，生怕松口气就掉下去了。悠季瑜伽中很多次令人沮丧的突发事件发生，都是这样坚持下来，闯过去的。因为必须顶上去，别无选择。八年的经营，彻底地磨砺了我的意志力，忍耐力和独立性。创业是名副其实的"路在脚下"，孤独侠的冒险之旅。不过，事实是，当你真的咬牙的时候，你的心念和意志力将到达一个强度，天会助你，闯过去就是一片天。

做企业家会让人越来越稳重，因为你责任重了，你的担当力就需要越来越大。我真的觉得，我现在什么都不惧怕。今天的我，不会认为有一天天会塌下来，因为我自己就能承担。这种能力是企业给我的。三十岁之前我是一个风花雪月的女人，也曾经很渴望有人能帮我撑天，也觉得有人帮助撑天的女人很舒服也很受羡慕。从因对女儿的责任被推进事业，到今天成为企业之主，我的自信心与日俱增。我的企业，我的家庭，我的三个孩子都在我的守护下。我乐此不疲。金领的生活可以减轻很多承担的压力，但做企业的成就感真的很好。当你看着企业一点点做大，当你看到这个平台越来越安全，越来越有希望，当你看到团队越来越成长和有进步，当你看到这么多的会员发自内心地喜欢瑜伽，你会觉得，一切都是值得的。尤其是当面对一切后，你会越来越感到你对身边事物的掌控力强了，会有一种自生的强大感。这种感觉很棒，它会让我很安定，同时，感受到一种空前的自由。

现在的悠季瑜伽是一个健康的企业，不管是从经营层面，执行层面，还是财务层面，它都已经处于一个很安全很平稳的状态了。但我还是时常会感慨我竟然走过了那些懵懂的阶段，在我还不会管理的情况下，悠季有大量的资金流动，还经历着开馆和关馆这样的大事件。

创业时期的惊险完全是在我最没有控制力的情况下发生的。那时的我只有一股热情：市场的触角，以及战略性的方向。但在执行上，发生了很多错误。但让我就竟然这么闯过关了。竟然就获得了这个宝贵时间，让我慢慢地醒悟，让我慢慢地学习，直到现在——归正。有时候，我真得觉有悠季瑜伽有老天帮助！经营过程中总会发生一些事情，可能造成你处于很被动的局面，这些事情不是说一个像我这样对经营没什么经验的人可以轻易化解的，但这时候总会出现某个人，某件事帮助我化解。在经营悠季的过程中，我的贵人太多了，无论是以会员形式出现，还是其他，都是特别偶然的。有很多时候都是你突然间有需要的时候，这个人或事就出现了；还有的时候，有的人或事你以为是阻力，但随着时间和你当下的措施，反而成了助力。

经过几年的企业经营，我现在的经营思路、管理能力、执行力和沟通能力，都与当初在《ELLE》时有着天壤之别。以前，如果有人说，尹岩是个做企业的人，我自己都会觉得不可思议。但现在不会了，在做瑜伽事业的同时，我同样把握着企业的方方面面。走到今天，如果问我是主编还是企业家，我的回答会是我是一个可以做主编的企业家。瑜伽让我成长为企业家。

其实，无论是主编还是企业家，对我而言都是事业，只是形式和责任不同。对于事业，我始终坚守着我的一贯原则：意义。意义永远高于所有的现实收获（金钱和名誉）。它体现在一个信念，一个具有影响力的目标。担任《ELLE》主编时，我提出将《ELLE》打造成中国时尚界的一面旗帜，一个推手，不仅是报道，更有义务和责任让中国时尚界与世界同步，让中国时尚界的设计师、创意人员、时尚精神能够得到展示和引导。我是带着强大的使命感和信念进入到我的主编角色的。创业是一个非常艰难的过程，但也是一个风景无限绮丽的过程。所有创业者都是满怀激情的。在众多创业的企业家中，有些人在判断可操作的项目中做企业，寻找有运作潜力的，最大的激情是成功的激情。有些企业家是带着信念去做企业，认为世界应该是这样，是当成一个理想去追求。这个激情在成功之上，还是信念的激情。悠季瑜伽，于我，不是为了创业选择经营悠季瑜伽，而是带着一个信念在创业。我相信瑜伽使我们的生命美好，充满意义；我相信瑜伽可以让我们的生命更加接近它应有的本质；我相信瑜伽是一个我们获得生命幸福的途径。选择瑜伽作为事业，是因为瑜伽给我的生命带来了意义，我希望个人获得的意义将通过悠季瑜伽这个平台放大到社会上。这是我创办悠季瑜伽的初衷和意义所在，是今天全力以赴经营悠季瑜伽的根本驱动力，也是悠季瑜伽经营战略设计的根本基础。我希望悠季瑜伽可以真正扮演一个角色，全力以赴推广瑜伽，一个具有生命科学的瑜伽，一个拥有古老文明的本源瑜伽。在经营过程中，我一直恪守"求其大，守其小"的原则，坚守集萃瑜伽本源定位的同时，努力扩大瑜伽领域经营。因为，建立一个有规模的平台，才可以上演一个角色，有了角色才可以有话语权，有了话语权才能获得倾听者，有了倾听者才可以实现影响和分享。所以，打造瑜伽习练平台和资讯平台都是悠季瑜伽的经营范畴，为一个目的服务，为一个意义追求，我将为之不遗余力。

第九章

创业是一个修行

2011 年，在家中接受杂志采访。

瑜伽让我明白，无论发生什么事情，都有它存在的道理。八年的磨砺，无论是以正向方式还是负向方式，将我从一个骄傲独断的人变得平等和宽容。从事业上延续到生活上，这些都是企业经营的具象收获之外的成长收获。企业中遇到很多磨难，这些磨难都是来修改自己的。遇到了，不要抗拒，不要怨天尤人，面对它。面对了，跨过去了，你真的会感激这些磨难。

在批评和困顿中前行

悠季现在越做越稳定，由以前的表面繁荣发展到现在成为了一颗很健康的种子。这个过程也是瑜伽帮助我修行的过程。

八年路程中，我经历了倾尽私囊以保障会员权益，延续企业现金流的压力；我面临过数以百万元的经济损失。财力的损失没有给我引起致命的压力和干扰，但是，对于悠季瑜伽的恶意攻击及指责却是对我最大的挑战，也是做企业受到的最大磨难，因为它是直接针对你的发心，质疑你的信念，挑战你的自持力。

在悠季瑜伽的创业生涯中我遇到了人生中从未有过的人格挑战：被质疑，被诋毁，被谩骂。这些大多数来自虚拟的网络和流言中。就像是你一个人站在舞台上，周围是连线的听众席或评审团，有的现身，有的潜在黑处，污言秽语飞舞，很黑暗，很不公平。

2007 年，网上出现一篇直接指向悠季瑜伽和我本人的帖子，口气过激，出言不逊，且有很多不实之词。那时候，我对于博客的特性、风格及沟通方式一无所知，更不知道反驳也会闹起轩然大波。面对过激的指责和无中生有，我以悠季瑜伽尹岩署名在博客中发帖一一回应所有的质疑。没想到，之后一发不可收拾，引发网上噪声一片。捍卫者与反捍卫者展开辩论。我以为的事实并没有被所有人接受为事实，我以为的谬论反而继续以它的方式存在，甚至放大。那一段时间，我真的很难受。

一周后的一个早上，四点多，我拉开窗帘，外边是渐渐发白的天空，一片宁静。我忽然觉得，自己在做什么啊？瑜伽应该像这个清晨一样。在那一刻，我决定让一切恢复平静。纵然有再多的道理和正义的理由，结果也都是硝烟弥漫。网上的一片鼓噪让我明白，只要冲突产生了，没有赢家。就在那个清晨，那个四点的清晨，大自然以它的宁静点醒我。

我的性格一贯刚烈，愿意迎接较量，却不能允许自己无端受辱。那个清晨以后，面对网络的谩骂诽谤，我选择不理会。最初这个过程很痛苦，我很难以平静心情对待，每次看到那些不公正的文字，打着无数回应的腹稿。慢慢地，我克制着自己，尝试接受。新事物，有争论，正常；一时激动，正常；每个人持不同的利益观点，正常；每个人看问题的角度不同，正常。尝试排除干扰，不要让所有的"正常"干预了对大目标的努力。慢慢地，接受了。我尝试从谩骂的最高音中分辨对我有用的评论信息。到后来，我已经非常平静，甚至荣辱不惊了。再大的攻击也是采用有则改之，无则加勉的态度。各种打击声对我来说再也不是干扰了，相信发出最大声音的人，就是对悠季最关注的人。这些声音冶炼了我的承受力，强化了我的包容心和排除干扰的能力，让我变得更沉静，更坚强。

《瑜伽》杂志停刊是对我的另一次冶炼。

2006 年底，一个老朋友在电话中说："尹岩，一个朋友要引进美国《瑜伽》杂志，在找主编，我全力推荐了你。感兴趣吗？"我说：当然！五分钟以后，电话再次响起，是《体坛周报》老总瞿由远。半小时后，瞿总一行三人来到悠季瑜伽朝阳会馆。瞿总说："我的朋友告诉我，如果你要在中国做瑜伽杂志，你的主编非尹岩莫属。"30分钟后，我成为《瑜伽》杂志中文版主编。

天降的喜讯，我将此视为上天赐予的良机和委任。

《瑜伽》杂志创刊号定为 2007 年 5 月。2007 年元月，我开始着手建立整个团队。重拾杂志经验，从杂志定位、杂志栏目策划，再到全年中心选题，轻车熟路。编辑团队建立非常顺利。再一次，我将这个机缘视为一个责任与抱负，希望将《瑜伽》杂志打造成一个瑜伽平台，为中国瑜伽的发展扮演应有的角色。《瑜伽》中文版在美国母版的瑜伽专业定位基础上，融合了其他内容，定位为瑜伽生活方式杂志。主要内容：传达瑜伽生命科学，主张瑜伽思维及生活方式，获得达到美好生命的途径。杂志策划由四大板块组成：瑜伽权威知识＆实用瑜伽方法，瑜伽生活方式；关系艺术；生命智慧。主编《瑜伽》杂志的过程中，我将自己对瑜伽持有的理念，如生命科学，瑜伽本源，瑜伽生活方式等投射进去。《瑜伽》杂志创刊后，以知识量丰富的历史人物及专题报道，详尽科学的习练指导，充满启悟的心灵文章，高水准的图文编辑及版式，获得读者的热烈追捧，在这个报摊零售发行为主的新纸媒时代，《瑜伽》杂志却获得众多邮发全年订阅者，在体坛的发行量也超过了其他同类杂志。

2010 年，与默瀚在家中。

　　《瑜伽》杂志主编的日子是一个非常享受的日子。我一直感慨做媒体的荣幸，因为这个平台，我们可以有幸接触到很多精华的人与事。对黄心川老先生的访谈对我印象深刻。黄心川老先生八十高龄，是中国印度哲学大家，也是中国唯一研究瑜伽史的大家。坐在黄心川老先生的书房里，下午的阳光斜射进来，洒在每个角落的书堆上，卷起了层层书边。书是按照类别分的，一堆堆的书籍将书房填得满满的，竟然形成了一个蜿蜒小道。我落座的沙发后边是一堆高高的藏文密宗书籍，间隙中显出绚烂色彩的书页。仰头望去，是古藏书箱。藏书箱是封好的，两米宽的木制面板上刻着拓字。黄老先生安坐在书堆中的沙发里，向我们如数家珍地描述瑜伽在中国的历史，与佛教，与道教，与宋代理学，与禅学，与中医，与少林武功，等等。黄老先生是中国科学院唯一的文学院士，以研究印度哲学和印度瑜伽著称。带着浓重的南方口音的普通话里，是一长串的"引经据典"，令我们几个晚辈羞愧自己的"不学无术"。探索瑜伽在中国的发展，在《瑜伽》杂志创刊号时，就曾经尝试，但因资料匮乏，无任何权威取证，最终还是放弃了。瑜伽在中国的发展史，在黄老先生出现之前，我们是很迷茫的。而那个下午的浅谈，却欣喜于瑜伽在中国是如此的根源深厚，有源可循。我建议：黄老，您写一本瑜伽在中国的发展史吧。黄老答：这倒没想过，也可以试试，不用写得很多，写本小书，20多万字就好了。黄老说完就去找另外一本书，丢下我们彼此暗暗咋舌。

　　在履行主编责任的时候，通过策划，组稿，国际交流，我还有幸接触到全球各个流派的知识，众多瑜伽大师及出色的从业人员。所有这些，都潜移默化在我的瑜伽意识，我的瑜伽经营和我的瑜伽修为上。瑜伽领域中大家的真诚、向内求索，朴中有奇的生命故事，都形成无形的给养，坚定着我的信念，润泽着我的创业时光。多年从事媒体行业，对我而言，媒体是一个平台，不是一个资料员，更不是一个品牌服务者。拥有社会角色的媒体才是真正的媒体。《瑜伽》杂志的真实意义，在资讯之上，应该为广大瑜伽爱好者提供一个更大的分享平台。我充满激情，希望能够在主编工作中，充分发挥媒介平台的潜力，为瑜伽的推广，瑜伽行业的发展做更多的事情。2007 年，我设计并推出中国瑜伽日概念，设定在每年十月的一个周末，举行全国瑜伽推广日活动。2007 年 10 月 20 日，首届中国瑜伽日在北京朝阳公园拉开帷幕。这次瑜伽日辐射到北京、上海、广州、深圳等各大城市，所参与瑜伽会所全部免费向公众开放瑜伽场馆。2008 年，第二届"中国瑜伽日"以更大的规模在北京上海两地举办。全国有近千家瑜伽会馆在同一个周末向公众开放，提供免费的公开课，瑜伽爱好者在自己的城市都能找到免费的瑜伽体验课。在北京的朝阳公园和上海的淮海公园还举行"嘉人伽年华"大型瑜伽游园会，《瑜伽》杂志精心邀约组织国内著名瑜伽导师。从上午 7 点到下午 19 点，在每一个钟点，京城和上海的著名瑜伽会馆中，中外瑜伽导师都以最有代表性的瑜伽课程恭候每一位瑜伽爱好者。另外，还有丰富的瑜伽机构展位区，瑜伽生活展区，瑜伽美食、服饰、音乐等。每年的瑜伽日，悠季瑜伽都会接待数百名来自全国的瑜伽爱好者，一直坚持至今。从新疆的个人，到石家庄的瑜伽一日团，充分享受瑜伽日循环课程。中国瑜伽日在瑜伽爱好者心目中已经是他们的节日。

在《瑜伽》杂志的两年中，我多次参加国际瑜伽大会，亲身感受大师云集，习练者汇集一堂的大会上，大家欢欣鼓舞，收获丰硕，而会场上瑜伽生活方式集中展示，各个瑜伽组织推广自己的教学课程等也都成为行业的一个重要市场窗口。我非常希望将此类大会引进中国。中国瑜伽日实际上就是在为瑜伽大会做准备。2008年底，在制定《瑜伽》杂志年度计划时，我已经在认真考虑如何在运营组织上继续探索，向今后瑜伽人的盛事"中国瑜伽大会"迈进。

2009初，正当我充满激情，与编辑部如火如荼讨论瑜伽日盛事，并进行年底瑜伽盛典策划，为2010年的瑜伽大会做好运营铺垫时，网络上出现一篇文章直指《瑜伽》杂志，质疑《瑜伽》杂志的政治背景，文章同时寄给上级机关。文章作者熟悉《瑜伽》杂志美国母版和中文版，尽其所能论证《瑜伽》杂志中文版所谓的政治目的。作为以国际媒体平台出身的我，早在法国电视台期间就已经有很明确的国家政审概念。在法国记者站，《ELLE》杂志期间，严格遵守政治安全原则，自我政审，从来不会去发表或者涉及任何敏感度的文章。在《瑜伽》杂志期间，更是严守此项原则。因为，我知道，瑜伽领域具有更强的政治敏感度，无论是悠季瑜伽平台，还是《瑜伽》杂志，我都会严守戒律，为了让我们的瑜伽分享不因"小"而失"大"。所以，在主编《瑜伽》杂志期间，我的政审非常严格，一切会在内容上产生歧义或隐患的选题及文章都被我雪藏。但是，当有人以莫须有的罪名指出《瑜伽》杂志的有不端企图，我实际上是很无奈。2009 年 4 月 1 日，在一个非常有共识的特殊日子里，国际愚人节，《瑜伽》杂志正式宣布停刊。会议室里，瞿总面对全体编辑部、市场部、广告部和发行部成员宣布了这个消息。匪夷所思中，大家都陷入无语的静默。

晚上，在博客上，我放上停刊的文字：

愚人节的今天，体坛正式宣布《瑜伽》杂志停刊。但，不是愚人节的性质。

近千万的投入、26 个月的编辑团队的奋斗、发行团队，广告团队的努力、21 本杂志，数万名真诚忠实的读者。

付之东流，因为，有材料举报并质疑母版《瑜伽》杂志的政治立场。

无论是事实还是别有心机，结果：《瑜伽》杂志停刊了。

伤心！我们瑜伽人的资讯平台，如此珍贵的瑜伽资讯平台，就这样夭折了。

心疼！体坛的人力资金的投入，渐见收获，却只有放弃。

主编生涯，第一次亲自带一本杂志上路，亲自送一本杂志下架，留下翘首以待的读者……

窗外，已是夜空。沉重，沉静，像我的心情。

消息发出，一石惊起千层浪。《瑜伽》杂志宣布停刊后的那些天，我收到很多不同形式的信息，有博客留言，有短信，有电话……还有朋友带着鲜花来慰问。

有网友留言：

多希望这是你给我们开的一个愚人节的玩笑……多希望……从《瑜伽》的第一刊开始购买，从月初的期待，到拿到崭新的溢满油墨清香的新书，到迫不及待地逐页翻看，再到仔细记录个中内容，最后满足地放下沉甸甸的杂志又开始新的等待……家里的书架上已厚厚的摆满一大排写着同样名字的杂志，时常我还会随意抽出一本，再次回味其中内容。它总是能给我帮助，给我力量，像一个无形的导师，时刻鞭策着我留在瑜伽的世界里，不要间断练习。

真的觉得很心痛。

还有更加冷静的留言：

我相信你是一个坚强的女子。虽然这样的打击可能有些过大。但是不是经常在说，人生中最困难的时期，也是人生中最好的时期。因为只有在这个时期，你才可以开始反省和思考很多问题。而且我相信，你最后的收获绝对是很丰富和饱满的。人生不就是在这样的挫折当中才渐渐的成熟和完善的吗？

非常喜欢瑜伽杂志带给我的快乐，每一期都开心地期待着。但是，如果它真的不能再继续下去，我也不会很难过。因为，瑜伽里不是也教我们不执着吗？拿得起来，自然也能放下。我想你是比我们更有灵性的人，应该更能很快地从这个阴影当中走出来。开始审视一下你的工作和你想要向我们推荐的瑜伽世界。希望你能看到我的留言，希望它或许能少少的温暖一点点你的心。你不是孤单的。还有很多人支持着《瑜伽》杂志。

同时有更多的声音在呼唤：

当我热爱的杂志离去，心痛，无语！希望我们大家热爱的尹岩办更好的杂志，希望那是明天的首页博文。祝愿《瑜伽》杂志早日复刊！我们期待着！希望尹岩也不要放弃！

《瑜伽》杂志读者是我主编生涯中最忠实也是最投入的读者。杂志停刊消息发出后，很多读者在第一时间抢购《瑜伽》过期杂志，以便收藏全套杂志，一时洛阳纸贵。直至三年后的今天，仍然有读者询问《瑜伽》杂志何时复刊，什么地方还能找到过期杂志。

在大多数的支持之声外，更有很多人在探寻谁下此恶道，亲近的朋友在猜测中鼓励我一定找出背后的"黑手"。那段时间我经常长久地坐在家中的院子里，一言不发。春日的阳光洒下来，照在身上充满暖意，安抚着我的悲伤。眼前是一片早春的绿色和灿烂的迎春花，竹椅边是支撑我行走的双拐。2009 年，多事之年。元月第二天，在南山雪场腿摔断，胫骨粉碎性骨折；三月，不能亲赴重庆，卧床遥控安排重庆关馆，出现关馆风波，悠季诚信被严重质疑，沸沸扬扬；4 月 1 日，拄着双拐参加《瑜伽》杂志会议，被告停刊。整个事业就像南山雪场一样，在那一瞬间，掉进了未料的雪坑，遭遇创伤。凝神在眼前的自然里，我尝试读出所有发生的事物的中所蕴含的启示。在所有的这些偶然中，是什么在将它们串联起来？我的行为中到底有多大的不智让上天如此强烈地警醒我。

　　我尝试放下所有"为什么发生"的纠结，去检查自己的行为。经过三年的奋斗，悠季瑜伽已经成为行业毋庸置疑的翘楚，数千名专业教师毕业生，数万名全国各地的会员，数十万名热情的读者，所有这些，到底如何发心并付之行为，才可以得到一个平和的共存？在整个的发展过程中，我执是否又像以往的事业中一样膨胀起来？如何让自己的行为中拥有更多地给予和分享，平抚现在的负面指向？还能以什么样的方式积极地面对所有冲突，化解显现的不满与妒忌之心？找出"肇事者"并不是一件很难的事，但，实际上，在事情发生的那一刻，我已经不再停留在这个事情本身了。我从来没有理会各种猜测，我也根本不想找出具体的人，因为，这件事背后蕴藏的巨大的负面元素才是一个最根本的障碍。为什么《瑜伽》杂志这个大众受益的事情仍然受到如此大的阻碍？我需要的是化解这个障碍，或绕过这个障碍，而不是再激发这个障碍及其会引发的系列负面反应。任何围绕《瑜伽》杂志本身的支持与反对归根结底都是一种鼓噪。在经历了 2007 年的鼓噪之后，我不想再以任何方式和理由给这个行业带来任何的不平静。我只需要反鉴自己，继续我应该做的，调整我的不足。就在这个暖融融的春天里，我决定：多回报一些长期支持我的学员会员，多检视自己和悠季瑜伽的行为，多客观平和地服务瑜伽受众。我让自己从高调的舞台走下来，走进更平实的瑜伽经营和推广生活。悠季瑜伽校友会每年免费培训，悠季瑜伽运营体系建设计划，悠季瑜伽师资培训修订在这个春末，有条不紊地开始了。

自省并不意味着驻足不前。打造瑜伽资讯平台仍是悠季瑜伽不变的战略，我身为媒体人义不容辞的责任。《瑜伽》杂志的风波并没有让我放下这个愿望和责任，读者的呼唤更是加强了我的责任与使命感。记起 2003 年在印度，园地的智者说："你拿走的是个相机，你却拿不走我的机缘。我还会在某一刻，某一个地方再遇到相机。"我想，我的瑜伽资讯的愿望就是这个缘，我将尽我所能为之努力。在这个强大的心念下，《瑜伽文摘》电子刊计划浮出水面。

在 2009 年 4 月的博文中，我写道：

今天再看《瑜伽》杂志的消失，与我只是一个形式的消失，而不是我的愿望和角色的消失。瑜伽资讯曾经是，仍然是我致力于并富有激情的领域。不会因身外人事消失的。这场意外催生了我的创造力，希望在不久的将来能和大家分享新的经历。

发表的停刊博文已经遥远。

遥远，因为，我离明天真的很近了。

《瑜伽文摘》电子刊的第一次会议：4月8日。《瑜伽》杂志原班人马摩拳擦掌，跃跃欲试进入新媒体。进入电子刊的策划后，我总有无名的兴奋。偶然中，自己被推进了一个新媒体的领域，发行由主渠道二渠道，上摊等被上传，下载，在线阅读等技术元素呈现，变成了一个可无限延伸的空间，解决了资讯平台最大的传播问题，甚至比以前有了更大的可能性。电子刊中可提供的新的元素：音乐、视频、读者互动也让我兴奋不已，跃跃欲试。挑战：新媒质的编辑关键词？纸媒中的板块概念，文章容量，阅读渠道的设计，杂志的FLOW，排版方式，杂志页数、版权问题，等等，在电子刊中到底应该怎样处理？电子刊中核心编辑原则是什么？敏感点在哪里？读者与原来的《瑜伽》杂志读者区别在哪里？是否能兼顾？瑜伽电子刊一个很明确的原则：不是一本平面刊物的电子版。创刊号及第二期的内容5月初已经完成，但是，太纸媒。我完全没有当初《瑜伽》杂志创刊时的胸有成竹。只能寻求解决的办法。

我开始进行电子刊的调研，雾里看花般，只是感觉上徐静蕾的电子刊《开啦》是我最喜欢的。内容、形式与纸媒截然不同，和网络脉搏一致，给读者带来非常新的感受。我决定直接向徐静蕾取经。与徐静蕾有多年淡交，没有频繁见面，却总有熟悉和认同。徐静蕾很爽快，清清淡淡做了一些电子刊的"批注"，并安排她的团队一一回答我的问题，将我的执行主编和她的执行主编直接对接，交流编辑经验。他们的经验真的是及时雨，让我受益颇深。而徐静蕾，她的团队还有一个特点，轻巧的女生气质下，是超强的创造力和生产力。佩服之外，给了我很多启发和信心。

七月团队开始进入创刊倒计时。团队中的每一个成员都是第一次接触电子刊。一个丰富、惊喜迭出的过程。网络与平面的编辑、设计、实现都有很多不同。一致感慨，这是他们从业以来的最大奉献：默瀚和韩林强老师以其专业功底保障瑜伽专业栏目；美编丽娜面对不断生出的二级页面，已经无语，最后交稿的版面命名为《吐血版》，执行主编林橘与不同的作息时间的团队工作：美编上半夜，主编下半夜，动画编辑上午；偶尔，作为出版人的我还在下午统领。最后的流程表命名为冲刺版。小伙子吴磊，第一次做动画编辑，熟悉软件和完成编辑同时进行，自己默默反攻。还有几个板块由于我的死命令"创刊大于一切"最后放弃，留在随后的期刊中。创刊时，包括艾扬格大师，缇瓦瑞大师等国际大师都发来贺词，祝福《瑜伽文摘》的诞生。

《瑜伽文摘》是一个与传统纸媒截然不同的立体瑜伽世界。其内容涉及大师课堂、体式探秘、习练讲解、养生静修，以及瑜伽生活状态等各个方面，在内容的表现形式上，声、图、像并茂，加上杂志中极其方便的电子索引、随机注释，使得《瑜伽文摘》相比传统的平面阅读方式，提供了更多的相应信息及知识的扩展。读者不仅可以看到文字、图片，还可以聆听到配合文章内容的瑜伽乐曲，直接欣赏到相对应的教学视频，从多种感官获得更为丰富的阅读感受，体验纯粹瑜伽空间的魅力。

第一次操作电子媒体，读者与编辑的连接比想象中还要紧密。点进编辑部邮箱，第一天，就有 36 封读者来信；走进后台，看着下载量的数据，数千，上万；打开一个个读者调查表，区域一栏显示全国各地，甚至台湾，众多瑜伽老师，瑜伽爱好者，100% 表示等待下期下载，99% 表示会传阅给朋友；还有喜欢的栏目，询问音乐，点点滴滴的鼓励……特别是，来自全国各地的 10 余名报名为杂志义务提供翻译等工作……

编辑部同事欢欣鼓舞！

今天，《瑜伽文摘》已经成长为月下载量超过 30 万，覆盖全球华语最大的瑜伽媒体。

2009 年是情绪跌宕的一年，经历了众多的变故和责难，运营体系建设中又遇到自身能力的挑战，致使进度缓慢，还有层出不穷的日常经营问题。带着强烈的愿望，全力进入瑜伽领域，遭遇了如此多的不期的"磨炼"，有一段时间，心力交瘁，我开始怀念简单形式下丰富创作的主编工作，感叹：如果当初我只做一个瑜伽爱好者呢？当把自己的心境披露在博客上时，众多网友留言：

其中有一个网友愤懑地质问我：您是经过三思后才把这篇感想放在网坛上的吗？！您是否还记得您曾写过的游记和出席过的访谈畅言……您有没有觉得这篇感思跟您之前的一些采访和宣传宣讲全都背道而驰了……几年过去了……您的粉丝们看了这个都要担心死了……祝柳暗花名又一村！

另一位不认识的朋友 Tsuki 在上面留言：

　　2005 年的秋，曾是自己生命最百味混杂的灰色阶段。以公差名义护送在日本同窗读书、同社工作的朋友 NA 回到了北京。NA 是因不堪重负由忧郁症转至轻度精神分裂的。NA 年幼丧父是家中独女，机场大厅中，NA 的母亲抱着丧失意识的女儿哭得天昏地暗。安排好母女两个乘上离京返乡的火车后。一个人因极度的恐慌自责，决意留京几日再转返，那时断定自己是个刽子手的，用"适者生存"的工作信条手刃了朋友的人生。

　　不安接近崩溃，情绪跌到谷底时，偶遇日坛的"悠季瑜伽"。青草幽径、鼓楼木屋、白衣浅吟中，几日修习，得以放下纠结不清归还心定神明……

　　这几年异乡工作中一直坚持晨起瑜伽，一直以感恩的心关注着"悠季"，关于瑜伽杂志的诞生真是欣喜万分，每期都要托家人买上两本 EMS 来，一本阅读、一本收藏。

　　直率地讲，非常欣赏尹岩：情商极高、充满内在力量、至灵至性的。纯瑜伽抑或纯商业，瑜伽馆发展和学员培训中、瑜伽杂志广告排版和人气"尹岩伽话"中，感知到她在智慧努力地寻找着令人不禁喝彩的平衡点。

　　想必纷纭繁杂中，必有不能逐一话来的些微隐情，相信一切定会仁者见仁、智者见智。

希望悠季厘清创建初衷主旨稳好步调，希望在"怀念纯创意日子"的尹岩尽快入境佳态把持一己重任，为因你的抉决而降临的磐磐、萧萧、也为因你的抉择而接触、走入瑜伽世界获以身心平和、康健的无数YOGI！！

瑜友的留言如甘露撒入我的心里。八年的创业时光中，我最大的贵人就是那些面前的会员学员和网络世界的未名瑜伽人。每当"风雨交加"，他们就会为我撑起一片彩虹，以他们的分享，以他们的祝福，以他们的鼓励，以他们的期待让我重新确认我正在经历的一切都是有意义的，我所坚持的信念是真实的。这些声音和文字陪伴我，度过了最黑暗的低谷，召唤我持续启动，向理想靠拢。同时，他们以宽容和理解给我和悠季瑜伽时间去警醒和去调整，他们更是以他们真诚的直言帮助我从一个极端骄傲的人，变成一个脚踏实地、客观的人。我发自内心感谢这些正向的力量和支持。另外，我也非常幸运个别极端的声音存在，他们以他们的方式培养了我的平等心和客观态度。今天，我终于可以心如止水，去看待所有声音的存在，哪些是真言，哪些是诤言，哪些是诽谤，哪些能推动自己生命的成长，我发自内心感谢上苍，让我有机会在纷杂的事务中修行成长。我明晰，每一个能够出现在我周围的人一定是对我的生命有意义的，他们从不同角度（或短期，或长期或正面或反面）帮助我成长。

2009年底，在瑞诗凯诗，我在 Parmath Niktan 的恒河晚课上。台阶上，点点烛光和火红的篝火，台下是滔滔的恒河水，水中是高大的白色湿婆像，面向我们。黄色袈裟的小沙弥在长者的带领下唱诵，暮色沉金，天空呈现出淡青色，白色湿婆神的身后舞起屡屡气雾。有那么一刻，我非常想就这样进入到喜马拉雅山，自己，只有自己，将所有的责任和义务放下。湿婆神的面孔在月色下发出洁净的光影，对视中，仿佛他凝视着你。在这个目光里，我渐渐平静，孩子们，家庭，企业，都是未尽的责任，我要完成我在世间的责任。我幡然觉悟，这些令我心力交瘁的责任，不是负累，是功课。是它们带我修行。

身边的修行导师

在悠季瑜伽成长的道路上，我最大的恩师是O·P·缇瓦瑞大师。O·P·缇瓦瑞大师被公认为世界最著名的呼吸法大师之一，作为著名瑜伽科学先驱大师斯瓦米·库瓦拉亚南达（Swami Kuvalayananda）唯一在世亲传弟子，O·P·缇瓦瑞大师一生致力于瑜伽呼吸控制法的习练和教学。在过去的四十年中，O·P·缇瓦瑞一直担任印度卡瓦拉亚达汉姆瑜伽研究学院院长，并在全球讲授呼吸控制法。自从2005年第一次见到O·P·缇瓦瑞大师，悠季瑜伽与大师的缘分从此结成。5年里O·P·缇瓦瑞不仅是我们的大师，亲自指导我们，到悠季讲学，更是将悠季瑜伽当成他在中国的牵挂，永远在那里，帮助我们，提携我们。当有人因悠季瑜伽进行商业运作指责我不是瑜伽习练者时，O·P·缇瓦瑞微笑地对我说，你是在做业瑜伽；当《瑜

与维达大师在一起。

伽》杂志停刊，我在电话里向大师倾诉痛苦心情时，大师鼓励我再站起来。每一次与大师的见面，无论是在中国还是印度，大师都会倾心听取我们教学上的困惑和想法，并且以非常务实的观点为我们提出改进建议，每当我们需要大师支持的时候，无论是在悠季丛书的出版还是在教师培训领域，大师都会以最大的热情为我们提供支持。大师对我和默瀚的亲切无间，充满了父辈的宽容与关怀。随着时间的流溢，O·P·缇瓦瑞在我心里，就像一个我崇敬、依赖却又不敢造次的父亲一样。

艾扬格大师是我身边的另一位大师，他不像O·P·缇瓦瑞大师那样亲近，却一直以他的威严和智慧震慑着我。艾扬格大师是一个奇迹。因为他不遗余力地教授和推广，瑜伽在西方广受盛誉。以他名字命名的艾扬格瑜伽成为当今最广泛练习的一种瑜伽体系。他的名字被牛津词典作为辞条正式收录。他曾被2004年美国《时代》周刊评选的"世界最具影响力的100人"名单中。2005年，第一次见到大师时，在他的句句箴言下，我平生第一次遭遇语塞。一句简单的问话引来他对悠季瑜伽的寄语："知觉是根银针，针眼就是智慧，穿过针眼的那根线就是大脑，瑜伽体式的目的是使肉体的纤维与意识的银针编织为一体，直至其幻化成为灵魂的基地，乃瑜伽的基律。"后来，随着每年与大师的见面，大师和我之间熟悉起来，在这个过程中，他为悠季瑜伽派来了老师，从最基础的艾扬格瑜伽工作坊，到最严谨的艾扬格瑜伽师资培训。默瀚老师有幸获得他的特别恩准，每年去他身边修习。

几年过来，与大师不间断的见面通信，我的不足轻重一次又一次得到大师的赐福，我的试探性但明确的请求，一次又一次得到他及时的回应，于是我们幸得他的弟子到中国讲学，因此我们可以在《瑜伽》杂志读到大师的指导，因此我们出版了他的著作《光耀生命》。大师对中国瑜伽的发展所表现出的关注与支持，每每让我感动。面对面之外，我读大师的书，参加大师送到中国的瑜伽课程，从大师的弟子行为中感受艾扬格体系的权威和个人崇拜。我很敬畏。艾扬格于我，如帝如神。而他的系列著作，足抵"瑜伽宝书"的称谓。自从2008年起，每一次拜访艾扬格大师，我都试探地询问大师是否可以再以高龄来到中国。大师总是微笑着。2009年，大师听到这个问题时回答，当弟子准备好，老师就到了。终于，2011 年，在众多因缘组合和发心下，大师以 92 岁高龄籍携其十大弟子团，借中印瑜伽峰会之际来到中国，成就中国瑜伽史上最大盛况。连续三天的课程，大师向中国弟子亲身传授，每一句话中充满了对经验的解剖，对生命的诠释，而以 92 岁高龄仍在传播瑜伽的大师，他的存在本身已经是瑜伽最生动的表白。闭幕式上，悠季瑜伽为大师献上第一批获得大师证书的老师们的体式表演《瑜伽之光》，精湛的体式、整齐的动作、专注的神态，让整个演示呈现出一种纯净的、科学的、神圣的美，打动了在场的每一个人！表演结束后，大师评价："他们的演示是一个内在习练的展现，看起来是一个很吉祥的信号，预示着从外在向内在的探索。这个像数学一样精准的演示，虽然有身体上高难度的演示，但是可以看出演示者的心态，所以，可以看到，不久的将来，如果我们继续习练的话，大家都会向内在去投射。"

艾扬格大师也以他的方式关注着悠季瑜伽和默瀚的作为。离开中国前夕，艾扬格大师将默瀚叫到他的房间：我看到了你的习练，有的地方与上次在普纳的习练相比有了一定进步。一定要更好地习练。大家都认为印度人懂瑜伽，你要更加刻苦，去保持好印度瑜伽的水平。默瀚老师双手合十，凝重而坚定：I WILL ！艾扬格大师的存在和智慧，是我们身边的一盏明灯，而艾扬格大师的期望更是我们的鞭策与鼓励。

默瀚在悠季瑜伽的经营中没有实质性的参与，他一直只是负责教学部分，但，经营中，默瀚以他的方式影响着我。我一向工作中是造势，"人定胜天"，默瀚是顺势而为。他的行事中总给时间留出一个角色。有时候，有些事情无从解决，他总会建议我先把它放一下，交给时间，时间会慢慢给出答案和方法。实践证明，很多事情随着时间慢慢变性，清晰了，化解了。以前在我的思维体系中，时间从来不扮演任何角色，我从来不觉得在身外还有一个场，是可以影响整个事情的。我总认为"生命在于运动"，需要永远在做些什么。但后来发现，当有些事情你去做，能够改变的时候你去做，是可以成事的；当有些事情，所有你可以做到的，都是无用功甚至反作用，你应该把精力节省下来。只做我们能够影响的事情，其他交给自然交给时间。我们身边有很多事情，不是我们能起作用的。我们不能起作用的事情，以静制动，是最好的。等环境、其他因素经过时间酝酿后，那个时候，那个'势'你看得到，你再借'势'而行，这叫真正的顺其自然。"顺其自然"是我从默瀚身上学到的最重要的东西。以前在我的概念里，"顺其自然"更是一种被动的状态。而现在所说的"顺其自然"，你要对"自然"的状态、本质和势有所了解，你顺着它，那才叫顺其自然。它需要你更多的智慧和对周围的一个醒觉力。也许是心根清净的缘故，默瀚有着很好的直觉，不是经验是天分，对势、度及事情本质的判断力很强。行为中总有自然部分，给时间和走势留出角色。默瀚的拿与放都是处之坦然，以静制动，顺势而行。在不知不觉中，目标达成。在默瀚的影响和提醒下，我也开始慢慢地学习透过表面探究本质，把握事物的脉象，不强力而为。

《当和尚遇到钻石》是我在经营中经常学习的著作。书中讲述的"化危机为转机的空性"理论也是我在经营中经常告诫自己的。任何事物都是空象，好坏之分，完全取决于你自身的观感。当事情不尽如人意时，不要心烦意乱，而是完全敞开心胸，专注凝神地思考如何挖掘潜藏于问题之中的契机，如何赋予这个事情在这个空象下显示正面积极的部分是一切缘起后的关键。在商业的过程中，我以空性理论为支持，每当悠季瑜伽在经营过程中遇到困难，那么这个困难完全有可能是另一份希望的契机，我会去全力以赴的寻找那个契机，去创造那个契机，化危机为转机，而不是停留在负面的状态里头。我要让所有的空象，按照心的愿望，向悠季瑜伽发展方向迈进。《瑜伽文摘》是这个逻辑的产物，许多体系建设是这个理论的产物。还有一些更加战略性的举措，都是以被动为促进，或调整了方向，或加快了发展脚步。

修行是对入世最好的扶持

自己经营企业，不仅搭建了一个事业平台，同时是给自己搭建了一个非常好的修行平台。企业是一个社会，但在做企业的过程中，身为企业主，却也是一个个人行为。要把自己的意识在经营企业的过程中不断地加强，所以，企业也会"文如其人"。掌门人的追求和人格，都会融入到企业中去，像灵魂一样，是企业的基调。企业遇到的忧患，矛盾，道德挑战比生活中要多很多，具备什么样的思想，如何让思想贯穿其中非常重要。因为在执行过程中，有很多路，有很多方式去解决，选择哪个方式，就是你的自我投射。人的追求是不会在生活和事业中划分水岭的。所以，做企业必须修自身。企业成长的过程必定是自己不断地成长和修炼的过程。

作为一个瑜伽企业掌门人，瑜伽时刻警醒我，以瑜伽原则为企业原则，时时刻刻和瑜伽的精神保持一致。不管是碰到什么冲突，都以瑜伽的和谐、不自大、宽容和真诚去自鉴，去指导自己的行为。瑜伽让我明白，无论发生什么事情，都有它存在的道理，所以我不再和它抗争，而是探求怎么与它相处，不能共处就探求如何离开。这种"不抗"为我节省了很多精力，也排除了很多负面情绪。我努力不纠缠在一时的得失，坚持不能共处就一定要分开，即使有损失也是一个剥离的代价。虽然在商言商，但瑜伽提倡的"和谐"更为重要。现代商业社会讲究共赢，经营中不仅要保护自己的利益，也要尊重他人的利益，万事求和求善。我也尽量不再对别人进行评判，而只对自己自省。遇到很大的不公平或挑衅时，也会升起冤冤相报的冲动。但我会马上提醒自己，生命是自己的，不能因为别人不正确的行为而让自己违背行为准则。不论别人如何，我仍然要走在自己的路上，不被别人带走。这才是真正的强大。

一个真正的企业家需要有高度，没有一定高度的人做不了企业。有人说，修行会让人出世、不谋进取，我倒觉得，修行对入世比出世更重要，他能让你对身边的人与事，对企业或自己的生命价值有更清醒的认识，知道该往哪儿走。日常生活是最埋葬人智慧的地方，修行能让你从日常生活中拔高一点，这是一种时空的高度。人在时空中，高出一度，你就能有更好的判断和更好的定位，你就有了对事情更全面的分析能力。

八年的磨砺，无论是以正向方式还是负向方式，将我从一个骄傲独断的人落向平等宽容。从事业上延续到生活上，这些都是企业经营的具象收获之外的成长收获。企业中遇到很多磨难，这些磨难都是来修改自己的。遇到了，不抗拒，不怨天尤人，面对它。面对了，跨过去了，我发自内心感激这些磨难。经营悠季瑜伽使我坚定了一个想法：事业必须要为自身成长贡献力量，而不是把我们的生命贡献给事业。所有的付出、追求和努力都必须依附在一个更接近内心的核心层面上，它才能拥有一个更实在的意义。

我常说自己喜欢北大时期的那个尹岩，但北大时期的我尽管快乐自由，毕竟是无意识的。在笛笛出生之前，我所有的工作都是无意识的，无论是夏纳电影节新闻官、电影拍摄，只是兴趣、爱好和机缘，没有做任何的具体设计。笛笛出生之后，攻读巴黎高等商学院，是一个有意识的学习，把自己的教育和未来事业的发展联系在一起；初涉职场，无论是总经理助理还是法国驻华使馆工作人员，这些工作给予了我一个工作的概念，帮助我看清自己未来职场的发展方向。《ELLE》时期，职业是有意识的，但慢慢地又进入了另一种瓶颈。因为意识到自己的现状已经远远达不到理想的生命状态，达不到自身成长，这时候，事业意识上升到生命意识，痛定思痛决定继续追求生命中更有意义的事情。

所以，成长不可能一蹴而就。当你的需求到了，你的意识才能到位，当你的意识到了，你才能进步，就像山顶是一段段山路接起来。而且，我一直觉得成长不是某一类人的特权。人的自然成长是生活教授给你的，是在等；人的主动成长是我们向生活汲取的，是在拿。两个概念。人要有目标才有主动成长，但真的很痛，破茧化蝶般，需要脱胎换骨。

朋友送我一个名字，鹤庭。这个名字读到我的心境。身在商场，我的向往是一种更加轻灵超脱的状态。鹤立松梢月，鱼行水底天。风光都占断，不费一文钱。路途还很遥远，终点的风景在我心里。

向前行，不被世间的干扰和诱惑所左右，在红尘中，我潜心修行！

第十章

我至爱的宝贝

2011 年夏，欧洲假期威尼斯站，三个宝贝合影。

为人母，真正是上苍赐给女人最好的礼物。无论这个小生命是我们梦想的达成，还是不期而至，那丝丝欣悦，缕缕爱意，都会随着渐渐隆起的小腹而滋长、焕发。在这个孕育的过程中，我们的力量不断强大，我们的心智不断成熟，我们的生命不断完美。什么能够比得上拥有一个生命去焕发另一个生命的幸运。

感谢我心爱的宝贝们!

做母亲,是我童年时已经有的梦想。

我是在红旗下长大。那个童年没有芭比娃娃和灰姑娘故事的陪伴,只有一个布娃娃和《小布头历险记》。我抱着布娃娃过了无数个"家家",为小布头不慎从小姑娘的布衣口袋里掉出来,从此流浪、历经艰险发出了无数的叹息。"公主与王子最后幸福地生活在一起"从来没有进入我的童话世界。取代对爱情的幻想,家、亲人的演绎充满了我的童年,在还不知道母亲的真实含义时,我已经充满激情地扮演了无数次妈妈。以至于,在情窦初开的年纪,在我的婚礼梦想中,对我的美丽宝贝做花童的想象甚至大于对新郎的想象。

后来经过了一路爱的花季,我终于做了母亲。

第一次做母亲是 30 岁的时候。笛笛出生。由于她的降生,让我觉醒生命中的责任和意义,也启动了我对事业的追求。一路事业的狂奔，其间也有很多次做母亲的冲动，但因为事业的高强度，婚姻生活的不和谐压住这个念头，直到印度之行后，更加清晰地面对自己，更加独立地面对生活，箫箫降临。带着延续的母亲角色的享受，三年后，磬磬呱呱落地。

笛笛的名字是我起的。起名字时，她才两个月。还不知道是男孩或女孩。

当时，在巴黎。我在想，如果是男孩，我就叫他"Orphe"。奥尔菲是我非常喜欢的希腊神话美少年，是众人口中的乐神／爱神。他的笛声非常诱惑，美妙。听到的人一定不能止步回首，否则，将会变成一座雕塑，与现世告别，在来世永生。但是，纵使这样，美妙的笛声呼唤下，世人纷纷回首，愿用生命回应。法国电影史上诗人画家、先锋派电影家让·谷克多的影片中，影片结尾是一对恋人遥遥相望的石像，寂静中，越来越强，呼应的石像中发出的心跳让观众为之泪涟。我至今还能听到影片结尾的声音。如果是女孩，名字叫"Aurelia"。这是笛笛爸爸起的。他说，欧洲文学史上最美丽的情书是写给一个叫 Aurelia 的女孩子的。无论男孩、女孩，她／他的中文名字都叫笛笛。箫箫随姐姐，中文名取自古乐器，箫：横吹为笛，竖吹为箫。姐妹同体。箫音幽静质朴，返璞归真，宁静而致远。英文名默瀚起为 Maya，中文译为摩耶，意作幻象，佛家中的非真世界的非真存在。儿子，和两个姐姐一样，也是古乐名，取磬字。一是因为作为礼器的仪式感和尊严；二是因为它具有高贵坚强的实质和明朗单纯的表现。这些都与我们对这个小生命的期待悉悉相合。

默瀚为他取的印度名字 "Soham"，意为，一呼，一吸，具有很强的
生命含义。

孕　育

　　笛笛是我童年延续的梦想终于达成。笛笛的前两个月生命很脆
弱，我是卧床保胎陪伴她。记得我一人在家，靠在床上，心里对她说：
"宝贝，不要离开，妈妈爱你，妈妈要你留下来。"心语未落，有一
种温暖滋生上来，至今，我认为那是笛笛给我的承诺。她兑现了。
在她的生命初始，就兑现了一个如此大的承诺，并激发出我的母性，
把我推向事业轨迹。箫箫是我多年的心愿再一次实现的宝贝，孕育
箫箫的时期，正是我事业初创期，经历着红色时代的失败，回到媒
体的那个阶段。她就像瑜伽和默瀚那样，是我的福音。在那个多事
之年，箫箫在我的体内陪伴我，用她的悸动，给我带来了很多温暖、
平静和安慰，对她降生的期盼和责任也给了我很多勇气，穿越困难。
随喜金猪年，磬磬来到人间，在我全身心投入瑜伽事业关键时期，
成全了我儿女双全。

　　很多人认为，女人生育是一个辛苦艰难的工程。至今为止，在
我的心中，孕育是一个艰辛但极其温暖的过程。每一次孕育的过程
都是一个享受的过程。从笛笛，箫箫到今天的磬磬，我最深的记忆
和感受，是腹中突然的一个微乎其微的悸动，让你幡然醒悟到一个
生命的迹象。这是一个奇妙的时刻。从此，你会不断地等待这个迹

象的再现，就像等待初恋时那个阳光少年出现在视野中，没有任何疑虑，只有迫不及待的幸福荡漾在心头。很多事业女人对孕育望而却步，担心 9 个月的孕育会让个人价值追求受到干扰，错过很多机会，出现很多停顿，甚至放弃已在路上的事业。三次母亲，三次孕育，我的深刻体验是我们所有的担忧取决于我们自己的态度，我们的意识和我们的组织能力。如果我们视其为"女人生子，天经地义"，我们就不会将自己脱离正常生活；如果我们带着喜悦去和正在体内长大的宝宝相处，我们就不会抱怨外形的改变；如果我们具有一定的职业能力，我们就可以有效地结合自身变化组织工作。怀孕的女人由于体内激素的增加，极其具有创造力。国外有些公司甚至对孕期创意人员更加青睐，以借用他们母体爆发的原始创造力。身边也有很多朋友，在不断的事业晋级中，一次又一次做了母亲。

我的三个孕期都是在充实的工作中平安完成的。孕育笛笛时，经过了两个月的辛苦保胎后，我接受了法国高蒙电影公司的邀请，担任合拍片张艺谋的《摇啊摇，摇到外婆桥》法方制片助理，身怀六甲回国工作。影片的前期工作有大量的筹备，谈判，组织内容，工作时间很长，往往从早忙到晚。同时，还要协助法方制片人为姜文《阳光灿烂的日子》安排德国后期工作，为英国导演 Peter Greenway 的新片《枕书》挑选女主角，带着圆圆的身体跑遍了所有的模特公司和中央戏剧学院、电影学院。笛笛的预产期是 9 月，《摇啊摇，摇到外婆桥》10 月开机，8 月正是最繁忙紧张的时候。正值北京酷暑，走在街上，出租司机都会主动停下来，邀请你上车。第一次的孕育过程心情愉快，与张艺谋剧组的各方人员一起工作，参与我钟情的电影事业，学习西方电影制作流程知识……工作效率高获得称赞，感觉很有成就感。繁忙的工作让我的孕期非常充实，排遣了第一次做妈妈的紧张和"浮想联翩"。离预产期还有两个星期的一个晚上，8 点钟与制片人告别回到家里，征兆突现，晚上 10 点钟住进协和医院，经过看书读到的宫缩、阵痛、生产，凌晨 5 点，漂亮的笛笛已经抱在怀里。

孕育箫箫时更有经验了。孕育前期面临创业的挑战，孕育后期是在中央人民广播电台度过的，每天如饥似渴学习广播媒体特性，全力投入在"经济之声"节目内容和改革中。进入第 9 个月，我不再自己开车上班，请了一个司机接送我上下班，临产前一个星期，交接工作，告别同事，从从容容回家、住院迎接箫箫。馨馨的孕育正是瑜伽事业最轰轰烈烈的时刻。《瑜伽》杂志创刊，悠季瑜伽战略计划实施，有大量的工作，大量的差旅。出生前的一周，是一个疯狂的星期。又是一个炎热的八月。大腹便便中，笛笛北京电视台《我要跳舞》进入"10 晋 4"决赛到场做亲友团助威，满足箫箫的心愿去欢乐谷玩耍，准备悠季瑜伽 4 周年庆典，悠季官网改版最后阶段，家中迎接新生儿的最后"物料"准备……日程疯狂的旋转。临产前的那一天是悠季瑜伽 4 周年庆典。我上午去医院办好住院手续，下午请假出来，在日坛公园主持庆典，晚上十点回到家里。第二天早上 6 点，家人开车送我到医院，上午 9 点，馨馨诞生。

为人母，真正是上苍赐给女人的最好的礼物。无论这个小生命是我们的梦想达成，还是违心的不期而至，那丝丝欣悦，缕缕爱意，都会随着渐渐隆起的小腹滋长、焕发。在这个孕育的过程中，我们的力量不断强大，我们的心智不断成熟，我们的生命不断完美。什么能够比得上拥有一个生命去焕发另一个生命的幸运。

我的教育经

我属于心不重的妈妈，没有太多担心，孩子生病发烧，我只是觉得烧一次长一次本事，从来没有紧张过。孩子也这样安安全全长大，很少生病。营养上，我一贯认为只有营养过剩，没有营养不良，饮食最关键的是健康少激素。教育中我不去设计，在我看来，孩子的思考能力、独立能力、学习能力、基本行为，是最关键的。孩子可以做很多事情，最关键的是要在他们的行为中启发他们的创造力、自主性和乐观天性。孩子们在家里，非常的自由，跟大人平起平坐，有些散漫甚至肆意，没有那么多规矩。至于说，淘气、把东西弄乱、把东西砸碎了，在我看来挺好的，起码锻炼他动手能力了，我宁肯碎掉几个杯子，弄一身脏，也不愿意这孩子永远干干净净的，但永远也不知道怎么去端一杯水，不知道自己怎么去调油彩。我希望他们都自然地长大。去游乐场的时候，我会注意培养他们的独立性，只会告诉他们方法，手放这儿，他们会习惯找你的胳膊抓你的手，我总是闪。我需要培养他们的独立性。现在大女儿笛笛纽约上暑期电影培训班，考 SAT，全是自己上网查学校、报名。

我鼓励孩子看书，儿子磬磬还小，女儿箫箫则是在她识字的时候，就给我讲故事，而不是我给她讲。碰到不认识的字，我会告诉她。度假的时候，经常，箫箫、磬磬躺在我身边，一人手里捧一本书，磬磬看画，箫箫读字，遇到不会地问我。有时，弟弟要听故事，萧萧给他讲，还告诉我"你别我一讲故事你又睡着了"。

箫箫6岁开始写博客。她不能写字，我就做记录员，箫箫口述。她的词汇量比较大，思维很活跃，我不想让方块字束缚住她，让她有挫败感。我鼓励她去表达自己，去复述自己的感受、想象、思维，写博客的时候，她特别一本正经的，很少有改，她会说："这不好，这个删，我这中间能加一句话吗。"她在我身边全用祈使句，她很清楚自己要什么，我从来不去影响她，她有时候会问，我应该这么说还是那么说，我说这是你的博客，你决定。我怕给她一些影响，把她原来的东西给破掉了。等故事完了，我会问是你编的还是你写的。她说是我写的，因为完全是她的模式，她会拿出一本书，说这个故事是从这儿看到的，但是我改了。箫箫现在在写一部关于巫婆故事的小说。这是她从一本童话集里找到的一个故事。她以这个故事开始，然后一直写下去。箫箫有一个红色索尼电脑。她会每隔几天就打开这个文档，写几段，已经延续三个月了。

孩子的心理状态是否健康是我最关注的，也是我真正刻意去掌控的。磬磬在一岁左右，有段时间，每天早上起来都喊着要坐公车，因为家里的阿姨带他坐过，他特喜欢。这种状态几乎成了昼思夜想。那时候，我们开始严格限制阿姨带他坐公车，家人不允许提公车，从外界的环境上去切断他的这种依赖。很快，磬磬就脱离这种"执着"状态。这种依赖情绪在家里都是我和默瀚非常留意和尽力化解的，小到一个玩具，大到对一个人，如阿姨。有任何迹象，我们都会寻找方式把这种依赖和执着拆碎。因为，孩子对于一个事物过于依赖、执着、沉迷了，对孩子的发展不好，也会给他带来痛苦。

　　蒙台梭利的教育观点对我有很大触动。与中国传统的父父子子伦理观念不同，蒙台梭利教育学评论传统中父母与孩子之间的关系时，指出我们对孩子的教育方式非常暴力，胜于奴隶被主人拥有，仆人服从雇主来形容，这让我深刻地反思我的爱对于孩子是什么，提醒我孩子的世界是一个应该受到尊重的独立个体世界，让我思考如何让本性中的母爱以真正的爱的形式进入他们的生活。所以，在三个孩子的教育上，我以一种非常强的"非暴力"意识，去理解孩子，去和他们相处。与孩子发生争执时，我想更多的是怎样适应孩子，去调整跟孩子交流的方式，而不是让孩子改变。

　　我总是让孩子们完全自主，吃饭、穿衣、购物，我都让他们自己选择决定。我很少和孩子们反着做，与他们在一起，就是服从他们的愿望，享受生活。孩子们那里没有大是大非，更没有理由服从你的安排和意愿。孩子只是年纪小，个子小，无法表达他们的思想，他们的经验和感官其实很丰富，他们有他们要干的事只是跟我们不同。我总为孩子们给我的惊喜自叹不如。与自己的宝贝们在一起，彻底颠覆了我原以为的母亲施教角色。他们的智力根本不是想象中需要我们去填补，孩子们有他们的世界。同时，孩子们能教给我们太多东西了，跟孩子在一起我觉得是双向的关系，从他们的感受和反应中我真的可以学到很多。最简单的，他们从来都真实地对待自己，还有他们最能创造快乐，体验快乐。

我不要孩子有多功成名就，我只是希望他们在每一个阶段能够让自己生活得充分。我没有世界灾难论，但是我相信每一天和每一天都不一样。当下是最重要的，当下孩子的健康，当下孩子方式的自立自强，当下孩子的快乐和幸福，当下充满爱的天伦之乐。大人对孩子最大的作用是提供能够激发他们好奇心的所有可能，并规避危险。只要注意引导培养孩子们的基本素质，善良，宽容，热情，充满爱心，独立，好奇，乐观豁达，有知识就好了。我的教育原则是健康的身体、健康的心理。我要求孩子们学会感谢和分享，与此同时，平等独立才是最关键的。对孩子最大的关怀是让他快乐，如果孩子莫名其妙受了委屈，你也不知道，而且那种委屈又主要因为你，那是做母亲很大的失职。孩子的委屈你一定要帮她释放，高兴的时候一定要与他同在，受伤一定不能是因为你。我们给孩子的远远没有孩子给我们的多，他们能让你的心变得柔软，为了那张天真无邪的小脸，什么都值得。

天伦之乐

我有三个宝贝，他们都是上天给我的最好的礼物。他们是那样的美好，如同不落的太阳，以不同的光影形式，照在我的世界里。

大女儿笛笛

笛笛是孩子中和我分担最多的宝贝。在她的童年时期，因为事业，我无法守在她身边，因为婚姻中的隔阂，父母最终分手。但笛笛就像上天派来的天使一样，以她的美丽善良，善解人意陪伴我，帮助我守住生活是美好的信念。

笛笛4岁时，我和笛笛爸爸分手。我们没有任何纷争，笛笛还是姥姥姥爷照顾，爸爸妈妈依然规律性地出现在她眼前，唯一改变是爸爸妈妈住在两个房子里了。与笛笛爸爸分手后，笛笛爸爸除了没有了我的丈夫角色外，仍然是家中一员，仍然以"爸爸""妈妈"称谓我的父母。我们仍然像亲人一样经常问候，聚餐，出游，尽量多地在笛笛周围出现，爱着她，减少她的心理伤害。

在上海工作期间，正是笛笛上小学的时候。为了笛笛的日常学习有更好的管理，我把笛笛送到了寄宿学校。每个周末是我见到笛笛的时间。笛笛也会给我讲述学校的情况。她总是很开心，从不抱怨，但是，当她告诉我如何穿着衣服睡觉以保证第二天早上穿衣速度可以最快时，我的心里好难受啊。尤其是每个周末，当我送她回学校时，笛笛从来不反对，只是躲在宿舍的玻璃门那里，恋恋不舍。那个时候，我的心都碎了。学校难得的家长会和学生汇报演出是我要排除万难参加的。有一次为了及时赶到，为笛笛的拉丁舞表演鼓掌，我在八达岭高速上超速驾驶达280公里。那时候周末也需要工作，笛笛总跟着我，常常问我"妈妈我会影响你工作么？"这段时间笛笛为了我的事业承担了很多，小小年纪与妈妈同甘共苦，既是母女，也是朋友。由于与笛笛爸爸分手，我心里一直对笛笛愧疚，笛笛13岁的那年，我和笛笛聊天，谈及自己的感受，笛笛抱着我：妈妈，不要这么说，我已经觉得很幸福了。

笛笛小学三年级时，我回到北京。那时笛笛的中文已经完全掌握，甚至可以阅读《红楼梦》，我决定将她转入法国学校。当时笛笛的法文相当于文盲，只有平时与爸爸日常对话的水平，连4岁孩子

2006年，笛笛与爱犬马尔斯，马尔斯出生一周后来到家里，从此与笛笛形影不离。

的图书都读不下来。法国学校校长认为我天方夜谭，拒绝了。由于我身边有很多朋友的孩子跟随父母转学法国国际学校时，顺利闯过语言关，我相信笛笛也可以。在我的坚持下，校长答应降级半年试读后再谈。笛笛入学了。小小的笛笛第一次发挥出她的韧劲，非常努力，不示弱。半年时间，她不仅将法文赶上，并在学期结束时获得各门令人难以置信的成绩，直接升级到同龄班级。笛笛的表现也成为法国国际学校海外教学范例。现在，笛笛已经是高三学生，中文、法文是她的母语，熟练掌握英文，同时还有西班牙语作为外语课目。她的各科成绩一直到现在都在班上名列前茅。

笛笛身上继承了我的自立和做事的投入。她有很多才华，课外的时间永远是满满的。她爱好绘画，参加中央美院的绘画培训班；她喜欢花样滑冰，屡屡获得亚洲花样滑冰业余组大奖，并达到国家三级运动员资格；她喜欢表演，参加中央电视台外国人才艺大赛……她有很强的自理能力，9岁时，已经独自在北京—奥克兰独自旅行。我鼓励笛笛所有的业余爱好。同时，也把她当作大孩子，让她学习担当。笛笛从小学习滑冰，很贵。12岁时，我尝试让笛笛在一个预算里合理安排。笛笛再回来时，给我一张纸，上面密密麻麻写着，在保证她希望的课时下，如果不打车只坐地铁是多少钱？如果课后不吃肯德基能省多少钱？最后列了一个特别详细的预算表，把在不同状况下全年学习滑冰总费用，再除以全家资助人数，姥姥，姥爷，大姨，大姨夫，爸爸，妈妈，默瀚，7个人，我们大人每人平均赞助费数目全列出来，同时保证一定以优异的成绩回报。全家人不由分说集资，笛笛就每天早上披星戴月地去上课了。笛笛获得亚洲业余组花样滑冰冠军，国际花样滑冰三级运动员资质。

2003 年，因为北京闹非典，我把笛笛送到新西兰。怀孕后，我第一个想到的就是把笛笛接回来，我不希望笛笛认为在她不在我身边的时候，另一个宝贝取代了她。我要像往常共同经历一样，让笛笛和我共同经历妹妹的孕育和诞生。但是，箫箫的诞生还是让 10 岁的笛笛产生了悲哀。尤其是诞生后的日子里，笛笛显然被冷落了。笛笛消沉了，将悲伤压在心里。我好心疼她。箫箫六月时，正值春节时期，我把箫箫托付给默瀚和笛笛爸爸，带着笛笛出国度假，还她一个与妈妈共处的二人世界。

笛笛有很多的理想，其中一个就是学电影。15 岁时，作为礼物，我送她到纽约电影学院表演暑期班学习。虽然从 10 岁起，笛笛就开始自己旅行，最远飞到新西兰。但是，每次都仅是飞行路途的独立，到了目的地，总是一切早已安排妥当。这一次，不同于往常。因为，这一次是她将长时间自己在外边生活。这个外边是纽约，这时的笛笛是情窦初开的美少女，这个生活是电影学院。本来计划周六上午启程。周五晚上笛笛违规很晚回家，因为要和好朋友告别，因为要和小男朋友告别。临出发前的笛笛有着太多的散漫和亢奋，丧失了严谨和自律。面对她的行为，我做出决定：取消她的纽约之行。我坚持认为，一个没有自律性，缺乏严谨，心性浮躁的笛笛，去了纽约，充其量只会是一个过场，也许还会发生意外。

这个周末是一个严厉的周末，也是笛笛一个绝望的周末。我的决

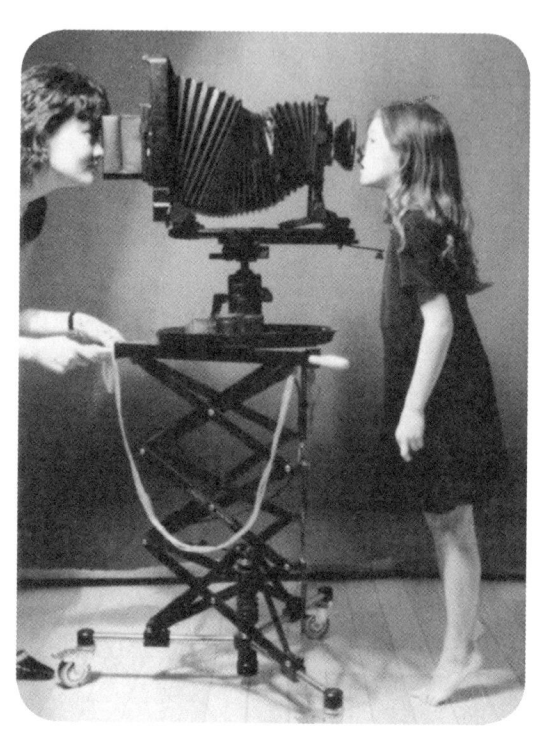

2002 年，笛笛 8 岁生日那天，摄影师陈准为我和笛笛拍摄的母女照。

定得到全家人的配合。笛笛绝望地看到，那个周六早晨，没有人帮助她说一句话，从早上 7 点，到 10 点 30，她眼睁睁地看着自己的梦想之旅变成海市蜃楼。当她看到登机时间已过，意识到纽约真的消失时，笛笛在浴室放声大哭了。她开始面对事实了。她痛心自己期盼的竟然真的消失了；她意识到什么叫代价，后悔莫及；她开始认真反省自己的过失，正视失去亲人的信任和支持的严重了。这个周末，是笛笛成长的周末。自小到大，她一直是在赞扬声中长大，尤其是来自姥姥，姥爷，大大，大姨，尤其是妈妈的无条件支持和自然的欣赏。我让笛笛明白当初答应她去纽约时的那个笛笛是我可以信任的，是有梦想，是有自律，是愿意全力以赴的。而她的行为让我已经对此怀疑。周六的下午，笛笛已经接受不能去纽约的事实，开始冷静下来，仔细反省自己的行为。我等待着她对自己的新发现，同时，暗暗地协调机票，协调纽约学校的一切事宜，为笛笛的纽约复行做准备。我很清楚，什么时候笛笛清醒地充分地意识到自己的行为，什么时候我送她启程。

　　周六晚上，我和笛笛长谈。我告诉她：首先，做人。一个 15 岁女孩子应该有的行为准则和作息；一个人对自己的责任心；对他人，即使是永远宠爱她的亲人应有的责任心和尊重。再则，做事。任何人的梦想都不是从天而降，需要自己的全力以赴，否则到手的馅饼也会失去；做事情要懂得孰重孰轻，要懂得把握自己的主要方向和目标，全身心投入，保障它，争取它，其他事情可以发生，但有主次之分；任何事情要懂得掌握度，尤其不能违背基本准则，否则原本不矛盾的事物也会变得矛盾激化。周日早上，笛笛给我一篇长长的信，反省自己的行为，接受纽约的消失，准备利用暑期认真学画。同时，明确她的目标和梦想，愿意用一年的行动重新获得我的信任，争取明年的纽约之行。读到笛笛认真的，严谨的字句，我的心都要碎了。她真是一个好孩子，出色的孩子。周日的中午，全家聚餐，我宣布笛笛周一出发。笛笛满脸通红，眼睛亮亮的。

　　这个周末，是我作为母亲最精疲力竭的周末。头一直像爆炸般的疼，浑身无力，极度困乏。身上背着两座山，我的责任，笛笛的痛苦。取消笛笛纽约之行，是我给过女儿最大的处罚。这个处罚的反向力全部砸在我的心上，带着更强烈的张力。谢谢笛笛的觉悟，让这场噩梦散去。周一早上，笛笛启程，她不再是两天前那个散漫的夜归女孩，又是一个信心百倍，美丽持重，充满激情的我的女儿。

在纽约，笛笛尽情享受她的激情体验。在记录她的表演课的博客中写道：表演虽说是给别人看的，但我认为作为演员如果你想要别人看见，你必须首先自己看见。你连自己都不相信你所演的人物或情节，那怎么带动观众？我想在平常也一样，做什么首先要有自信，别人才可能对你产生信心。如果你第一个放弃，不会有人帮你追求你的梦想。

笛笛的文字出奇的好。她有很蓝调的想象力，有时候令我吃惊，就像她经历了无数场生死恋，也会经常对生活发出一些她的年纪过于成熟的感慨。15岁，她在名为"虚幻"的博文中写下"此时我就像是一只站在悬崖边的羚羊，往峭壁另一边宽旷的草原张望，但我却不敢跨出这决定性的第一步。对，我胆小，我懦弱。我害怕走错一步，掉下去后就全完了。你可否愿意为我搭一座桥梁？让我顺利地通往你的世外桃源。"16岁的所感已经有了更深度地思索"一个人活着是否能感受到世界的美，都取决于他自己吧。人的粗心会让他错过许多。如果真正张开过眼睛，如果真正相信过它的存在，一切就都会浮现出来。我想美妙的事物无时无刻都围绕着我们。你仔细看过了吗？"

今天，笛笛17岁了。像我当年那样，踏入了紧张的备考时期，面对更加丰富的生活和召唤。她希望能够考入世界上最好的学院修习艺术。我持续地告诉笛笛，努力学习，努力让成绩把自己顺利带进一个新的世界。她仍然向往电影，只是已经从表演爱好转向导演。终于，笛笛获得托福和 SAT 优异成绩，向包括耶鲁大学、纽约大学等美国数所著名大学递交入学申请，敬候佳音。

二女儿箫箫

箫箫是一个古灵精怪的孩子，也是孩子中给我最多挑战的宝贝。她极其聪明，并有完全独立的思考意识，经常在她的对话面前我哑口无言。很小的时候，她把家里供台上的水打翻，我问："水去哪里了？"她回答："佛把水喝了。"给她讲《狼来了》的故事，进行品德教育："告诉妈妈，小孩子可不可以撒谎啊？"她会伸出两个小手指："只能撒两次。"给她讲《龟兔赛跑》，"一天，乌龟和兔子准备比赛……"，她困惑地望着我；"兔子说：我再睡一会儿……"，她百无聊赖地听着；"最后，乌龟第一个到达了终点……"。她不屑地撇撇嘴："那你说，乌龟和兔子谁跑得快？"

箫箫是一个非常自我的孩子，她"自我"的成长是我的意外发现。这在大女儿笛笛的长大过程中不曾留意过。箫箫出生时，我的生活还未尘埃落定，箫箫最初的岁月甚至可以说很冷清。整个城市只有我一个亲人，还有她并未完全进入角色的爸爸。姐姐处于一个完全排斥她的状态。所以，小小的箫箫总是依赖在我的怀里，一副孤零零的温柔，甚至阿姨都说，箫箫以后千万不要让人欺负啊。峰回路转，4 个月的时候，姥姥姥爷从国外回来了。温暖的怀抱马上立体的叠生，在表示任性的小手抓举中和对玩具的选择、对饭食的挑剔中，箫箫的"自我"冒出芽子。

平等的挑战是对箫箫的"自我"一个激化。终于，从牙牙学语到表达自己，箫箫 2 岁了。姐姐与箫箫的世界接轨了。这是一个与妈妈爸爸、姥姥姥爷无限呵护的世界完全不同的时空。无论是姊妹同戏的快乐时光，还是风云突起的事端现场，姐姐以平等的姿态开始与箫箫共处或对峙。对游戏规则的讲解，对箫箫行为的质疑，在矛盾时的争吵，都在强化着箫箫对自己角色的认识和捍卫。尤其是在辩论中，幼小的箫箫试图用很不完整的语言系统去表明心意，捍卫自己的利益，更有甚者，还要有足够的语速回应姐姐连珠炮式的攻击，她不示弱地努力着，抗争着。在这些日常的挑战中，箫箫渐渐自信起来。

成为世界中心使箫箫的"自我"意外飙升了。2 岁半时，萧萧终于坐着大飞机，远飞异国来到爸爸的家乡，与爸爸妈妈一起参加叔叔的婚礼。那是一个庞大的家族。箫箫从落地后机场上的两辆汽车的迎接到抵达家中时的满堂欢呼，都让她在不知所措的瞬间强烈意识到自己的重要性。在陌生的语言中，她任性地穿梭着，为所欲为。没有姐姐的分享和呵斥，她堂而皇之地成为唯一。这是萧萧小小生命中第一次品尝到世界唯一中心的感觉，这是她是极为享受的。出玩，不再是一个申请的程序，而是一个选择和拒绝。限制？这个概念已经消失，即使有安全问题，也不是她要顾忌的。在周围亲人竟然慢慢尝试说中文以获得箫箫的偏爱中，萧萧的小下巴开始越来越向上翘了。等到我们启程回国时，她的小自我已经膨胀到不可一世了。

箫箫对笛笛无限崇拜。姐姐漂亮，姐姐有那么多的好东西，姐姐有那么多的朋友。姐姐还会在台上跳舞。姐姐的房间是一个圣地。姐姐不在家里的时候，她经常在里面转来转去，循着姐姐的轨迹，在书架上，在桌面上，在抽屉里，翻来找去。有时甚至攀上姐姐的红椅子，坐在桌前，对着电脑的黑屏幕，煞有介事地敲键盘。姐姐的图书，姐姐的彩笔，姐姐的漂亮本本，姐姐的各种小花瓶、书签架，美少女化妆盒，嘉年册，游戏，等等，都是她羡慕的世界。这也是她最安心和享受的时刻。为姐姐做事情是箫箫非常乐意做的。倒水，拿东西。她还经常毛遂自荐，如请求为姐姐梳头。被姐姐恩准后，则会全神贯注，一丝不苟地站在沙发上，反复地梳，直到笛笛大吼：够了，箫箫，疼死我了。不要再梳了。箫箫会耐心地劝：等一下，还没漂亮呢……箫箫也有与姐姐较量的时候。经常是，抢到姐姐严格禁止她拿的东西，以最快的速度逃开，窜进我的怀抱。听到紧跟后面的姐姐大喊："箫箫给我!!!!!!!"等着我惯常的说劝："笛笛，让妹妹玩一会儿，我看着她，不让她弄坏。"再看着姐姐愤怒地："为什么总是我让着她???"她很心满意足，享受被袒护。直到姐姐回到房间，重重关上门，她又窜过去，溜进房间，把东西还给姐姐。笛笛为大赛试装，因为要60年代风格，我为她选中了一件泡泡袖翠绿色的薄纱直身超短连衣裙，再配上一双粉色网眼长筒袜，一双米色船形鞋，一个巴黎韵味十足，带着稚嫩青涩的美少女，从60年代《ELLE》杂志上走下来了。真是一个洛莉塔的美丽版本。箫箫无限真诚地坐在旁边：姐姐真漂亮！然后，她走到姐姐身边，用小手抚摸着姐姐的长腿，无限期待地：等我长大了，也给我这双袜子穿，好吗？

第十章
我至爱的宝贝

箫箫长得很美，她的美和笛笛有很大的不同。笛笛很巴黎，箫箫带有印度美女的韵味。箫箫的眉毛很黑，像炭笔描画出来的一样，非常印度化的嘴唇，丰满柔润。她的睫毛长长的，眼睛又黑又亮，并有"千种目光"，让一张脸生动无比。但是，箫箫很不自信，总觉得姐姐比她美，弟弟比她讨人喜欢。我总是特别心疼箫箫，毕竟这么快她就有了弟弟，上面的姐姐又那么漂亮，所有人都一片赞扬，众口皆碑对一个自我意识极强的孩子来说压力真的很大。箫箫是个有特别多的爱多到不知道怎么表达的孩子，她在度的表达上总有问题，她的情绪表现都太过，爱姐姐爱到腻让姐姐觉得烦，为了引起大家注意以生气的方式或者去折腾弟弟，很容易委屈，很容易受伤。

2006 年，在悠季瑜伽日坛会馆钟楼教室内，与箫箫度周末。

由于极度渴望产生的不安全感和焦虑感，她也会经常以演员的方式夸张她的情绪以达到自己的索求。其中一个就是生气。这种心理造成她经常会有负面情绪。每次她生气的时候我都逼着她一定要想清楚到底是为什么生气？再看看到底值不值得生气？让她练习分析。为了从根上清除这种焦虑感，我会更加注意向箫箫示爱，让她心安，也会鼓励她做她非常擅长的事情，增强她的自信心。箫箫阅读能力极强，可以一口气读完《小布头历险记》。她自己的书架扫荡完，还到姐姐的书架找书，煞有介事地阅读着。现在，她的书架上是《中国经典童话》《小屁孩》《毒蜘蛛之死》《吸血鬼姐妹》《圣经故事》等，五花八门。箫箫的文字能力也很好，基本上属于出口成章。但她的拼音差极了，原因在于缺乏耐力，很难安下心来学习。我在引导她练习瑜伽，希望可以帮助她。

箫箫的心理非常丰富甚至复杂。她的小脑子里装满了充满童真的成熟和想象力，令人唏嘘。四岁时，她请我打字写下一篇博文，文字非常美丽。她写道："我每天想画凤凰，但是总画不好。但是我不会放弃。我想找姐姐教我画凤凰。如果姐姐也不会画，那么我的心就像灰尘一样黑。如果姐姐会画，我的心就像太阳一样亮。博文中，还透露出对姐姐的复杂感情。我最喜欢的童话鸟类就是凤凰皇后，我觉得凤凰是鸟类的皇后。因为她最高贵，也因为她最招人喜欢。所以我称谓她是凤凰皇后。如果我姐姐觉得她是凤凰皇后，那我觉得我们是真正的双胞胎。如果她不觉得她是凤凰皇后，那我们就是凑合的双胞胎。所以我希望我姐姐是我真正的姐姐。虽然是他爸爸把卵给我妈妈的，但我依然喜欢我姐姐……我和姐姐如果真的是凑合的双胞胎，我会很伤心，我和姐姐依然也会很开心，所以我觉得我们真的很幸福。"读着她的语无伦次，很心疼她的辛苦。

现在，萧萧步入了 7 岁了。伴随着她意识的成熟，生存技巧的丰富，参与意识的加强，萧萧越来越自信地判断、指挥，应对着她的世界。她的"自我"坚定地成长着，让她越来越有模有样了。

萧萧的敏感和要强也让她的学校教育变得比笛笛复杂很多。萧萧 3 岁时，我把她送进北京法国幼儿园双语班（英法），希望她能像笛笛那样在长大中就掌握外语。几个月后，我发现萧萧的外语没有任何长进，中文也没有起色。接送时，我发现开朗的萧萧在教室里经常一人在角落里闷闷不乐地摆弄玩具，时不时会无助地往往另外一边热闹的地方瞟去。看到她不快乐的样子，我很心疼。很快，我决定放弃语言培养，还她一个自在。萧萧转入国内幼儿园，她又重新欢腾起来。入学年龄了，我又尝试给她放在国际小学。一年中，班主任不断地给我电话数落萧萧与同学的争端，外教也屡屡约见我，把萧萧不及格的卷子摆在面前。一天，老师电话里说，萧萧将她的好朋友的饭盒扔到垃圾桶里了。晚上回家，我询问萧萧原委，她默默地站在我面前，很久，伤心地说，"我在厕所听到她和另外一个小朋友骂我了，还用英文。""她骂你什么了？""我不知道，但我听到 Maya 了。她们一骂我就用英文。"我意识到萧萧的焦虑与辛苦。语言障碍已经成为警报般的存在于她的周围，让她不知所措，过激应对。再一次，我放弃英文培养，将萧萧转入以国学和数学著称的国内著名小学。箫箫语文数学突飞猛进，更令人惊奇的，期末考试英文100分。她又像以前那样快乐，自信，还有更多的课外爱好，绘画，写字。优异成绩外，寒假前，她还戴上了红领巾。

小儿子磬磬

磬磬的第一个肖像，B超图片。虽然是黑白照，但是磬磬的眉眼，口鼻清清楚楚。他在闭目养神，小手握成拳状放在口边。他的唇线尤其让我惊奇，轮廓如线勾出的一般清晰分明，丰满圆润，很有佛相。虽然已经是三次孕子，但这是第一次见到了孩子在我身体里的面容。那种安详、宁静，让你更心疼出世那一瞬间的惊天动地对他的打搅，和出世后为求生所做的一步步努力。我们看到的孩子，似乎很坐享其成，但是当我看到了在被母亲身体完全庇护的胎儿后，我突然醒悟了孩子们成长中他们从来没有宣告过的"艰辛"。他们曾经多么努力啊！

怀孕时经常梦见磬磬。梦见他降生，面孔姣好，发着瓷光，眼睛、嘴角都是弯弯的，没有啼哭，只有这散逸的喜悦，像是静静地笑开了花；梦见他两只小手臂将整个上身支撑起来，头抬得高高的。面如满月。他没有看我而是直视前方，像是在与前面的什么交流着。我顺着目光望过去，只有墙，但他仍然聚精会神。梦见一个能跑的磬磬在我面前。只有他的背影。他跑向阳台的一角，在与天空交谈。磬磬在我面前平静地忙碌着，和那个隐形时空。念念不忘，那张笑开的小脸，还有，他在两个时空中穿梭的神奇。

出生后的磬磬和梦中一样。永远是沉静或者喜乐的样子。醒着的磬磬气定神闲，全然没有婴儿的无辜。磬磬也有笑的时候，在睡梦中，他会浅笑，也会嘴唇微微向右边翘起，有点狡黠地笑，也甚至有时咯咯笑出声来。虽然闭着眼睛，但仍然可以看出，他的笑容像默瀚一样，有很强的感染力。老人讲，婴儿梦中笑，是佛在与他说话。若真如此，看来佛经常来看他。

他几乎不哭泣，总是很沉静很专注地在他的世界里，无论是游戏，还是电脑，还是动画片；他的生活很有规律，有固定的习惯和讲究，自己恪守着，不容破坏，喝奶的时间和方式，穿衣的原则等；他从来不要东西，希望得到一个东西时总是反复和你讨论这个东西，直至你把它主动建议给他；他做事很有规则，与箫箫相比，他很说话算话，有理可循的。他的本性非常喜乐，生活中的快乐就像空气一样洋溢在他周围。他从来都是微笑，无论是抗争，拒绝还是获得；他善于表达情感，每天下班，会开心的扎到你的怀里；他比两个姐姐都会撒娇，以情感制胜。他更有他的乖巧，出去求抱时，笑嘻嘻地堵在你的腿前，展开手臂，妈妈，让我抱你吧。在你的气喘吁吁中，补上一句，妈妈，辛苦了。他有极强的集中力，可以一个人静静地和他的玩具或书在一起陶醉；他也有很好的记忆力和捕捉力，所有不经意的谈话，景象，都会被存储在他的小脑子里，在你不经意时放出来，令人吃惊。磬磬长相清秀，但男孩意识极强。游戏全部是与英雄和超人为伍，听到"怪物"两眼发光，最恨别人把他当成女孩子。

磬磬的成长很顺利，有点挑食，不生病，不发脾气，按照常规生长着，爬行，抬头，走路，说话，一路顺利，直至 2 岁。磬磬遇到成长中第一个事件：入托。

磬磬两岁了。每次送箫箫去幼儿园，他就在门口等着，生怕把他落下，坚持陪伴姐姐；每次到幼儿园，他就雀跃地跌落下车，冲进楼里，噜噜往上跑，要进箫箫班里坐下。我因此有一个概念：磬磬渴望上幼儿园。于是，在磬磬两岁的时候，办理了入托手续。9月1日开学，磬磬兴奋地背着能到小腿肚的大书包，像模像样地走了。第一天，没有回头一眼，就全身心投入到游戏里。晚上回家，他坐在地上玩，我问：磬磬，明天还上幼儿园吗？"不去"。迹象不对？？第二天，因为在公司有教学会议，请阿姨送磬磬到幼儿园。打电话回家，阿姨担心地："太太，磬磬哭得很厉害，老师硬把他抱走了。"再打电话到老师处："哭了40多分钟，现在好了。"晚上回到家，磬磬有些打蔫。第三天，还是高高兴兴背书包上车，只是离幼儿园还有两条街，磬磬开始哭闹。开到幼儿园门口，他不下车，手紧紧地扒着车门。磬磬长这么大，我从来没有见过他如此激烈的情绪，于是，我把他抱回车里，回了家。下午磬磬参加中央电视台少儿节目录播，录影棚在新影厂，刚刚进入楼道，同样的大堂，走廊，磬磬马上反应成幼儿园，于是，一发不可收拾，录影成为了不可能，他的情绪也是一路的躁动。我开始担心，他表现出的恐惧感和抗争是我在笛笛、箫箫的经历中都没有看到的。打电话给北大的学妹，著名儿童心理学家小巫，她建议不要再送，好好观察孩子。

停止送托，但磬磬的噩梦并没有因此停止。他开始晚上频频做梦，发高烧，哭闹。不敢再给他有任何刺激，我也不敢抱他去医院，于是，就这样久久地抱着他，感受他，安抚他在热度中的躁动，姥姥也坐在旁边，长时间地为他按摩，以中医方式退烧、压惊。磬磬经常双眼迷糊无神地望向四周，一个睁眼就笑的小东西，却天天哭闹。看着他在情绪和困扰中挣扎，心都碎了。就这样，小心翼翼，陪着，哄着，磬磬的眼睛又慢慢亮起来，哭声开始变成了笑声，蜷曲在怀的他满屋满院放出咚咚的脚步。我的心，落下来了。反省整个事情，我太大意了。有太多的想当然，让我把孩子一时的好奇假象当成愿望，没有好好跟随他，照看他。这一次的经历虽然有惊无险，但是，整整七天磬磬的挣扎，让我感受到逃脱不了的自责。

从此，对于如何让磬磬下一次再入托时不重蹈噩梦，如何让这一次我的失误不成为磬磬今后接受教育的羁绊，成了我一大心事。又是一年过去了。我不敢贸然入托，等着磬磬再长大些，寻找好的时机，帮助他平稳过渡。终于，看到磬磬越来越成熟了。磬磬的语言中不断出现"我"。我的屋子，我的帽子，我的妈妈，我的玩具。开始沉浸在"长大"这个词汇。他会说：妈妈，你怎么也有小时候，你是大人啊。我说：是啊。妈妈也是慢慢长大的。磬磬：妈妈，你不是长大，你是大。我是长大。

磬磬三岁半了，应该进入幼儿园教育了。我选择了另一所幼儿园，换了一个环境以不让记忆的阴影侵扰磬磬；入托时间上，我选择了春天做插班生。9月入托的孩子已经全部适应幼儿园生活，没有人有哭闹情绪影响他，老师也可以照顾这个全班唯一的新生。入托前，我向园长充分介绍磬磬的第一次经历和磬磬的个性，他的喜好，恳请院长一定全力和我一起完成这个过渡。然后，开始慢慢做磬磬的工作。院子里玩得好的小朋友都去幼儿园了，他无聊得很，我们慢慢引导：你的好朋友都去幼儿园了；长大的小朋友都在幼儿园的；幼儿园里有朋友和玩具；磬磬也应该去幼儿园了。他没有过激反应。好兆头。开始入托了。这一次，我不安排任何出差，每天早上陪伴磬磬，哄他去幼儿园，看着老师把哭闹的他抱在怀里，一遍又一遍地讲故事，直到平静下来我再离开。要求阿姨保证放学时第一个出现在他眼前。经过近两个月的全力以赴，磬磬终于将上幼儿园放到他的生活规律里，享受小朋友，享受值日生，享受郊游……

今天，磬磬开始和默瀚一起念英文生词，也会和姐姐比算术了。

三个孩子一台戏

每天早上，孩子醒来的时刻是家里最生机勃勃的时刻，我非常享受在三个孩子的屋里穿梭，督促起床，帮助洗漱，安排早点。家中的三个孩子穿衣一台戏。

磬磬，坚决不穿衣，需要和他斗智斗勇。比如：分散注意力；编造童话情节诸如熊熊动物看上他小脚丫，已达到穿袜子的目的。再有，拿出几件，和他玩选择游戏，玩着玩着，就套到他的身上。萧萧，坚决不穿我建议的衣服，一定要在衣橱里自己搭配。有时，为了排除我的干扰，还把房门从里面锁上。给她买的巴黎小姐风格几乎用不上，总是粉色系列，还要有芭比，等等。笛笛对妹妹的品味很无奈。不过今年有转变，有一天箫箫竟然对我说她喜欢那条H&M黑色裙，Jaccadi深蓝色的裙子。终于，箫箫以小巴黎女郎形象站在我面前，真的好洋气美丽。笛笛，坚持我每天早上为她建议穿着。每天早上，我有一项工作，为笛笛做Stylist。又要时尚，又要符合她的年龄，还需要把我的温度原则贯彻进去。笛笛已经养成习惯，衣柜全部由妈妈打造，从头到脚，几乎都是在我的陪同下购物。

姐弟三人深情厚谊，尤其是小公子磬磬的诞生催生了不同的爱的方式。

笛笛的爱是带着成熟的影子暖暖的环绕着，笛笛陪伴了弟弟的整个出生。磬磬降生的早上，笛笛陪我一起住进医院，在病房里忙，在病房里睡，在病房里吃，直到出院。产后的第一羹水，是笛笛喂给我的；产后的第一夜是笛笛和阿姨轮流抱着啼哭的磬磬，我的宝贝，她一下子像个小妈妈一样，带着天真的严肃做着这一切，充满自豪，而箫箫的爱是充满危险的。每当磬磬的哭声从他的房间响起，箫箫就会双手握拳在腰间，脚板又重又急地落在地上赶过去，大声播告着：姐姐来了，姐姐来了！经常是冲到小床前，还要重重地撞一下床栏。或是在弟弟熟睡时，走过去打开八音盒，为弟弟献上一曲；同时，再用小手抚摸一下弟弟的脑门和面颊，表示厚爱，一般整个程序下来，磬磬就哼哼地醒过来了。箫箫还有更实际的关照。月子期间，我指挥阿姨整理整个家务。一天，整理书架。书架占据了客厅的整整一面墙，磬磬的摇篮就放在客厅的沙发上。为了安事息人，给箫箫放上她喜欢的动画片《白雪公主》。箫箫走过来：妈妈，我给弟弟挡上了，这样妖怪就不会吓到弟弟。我心不在焉地应允。一会儿，我过去看磬磬，却发现磬磬的摇篮上摞着一个大靠枕，幸亏留了一个缝，有惊无险，从此再不敢掉以轻心。对于两个姐姐，磬磬已经很有区别了。视大姐为偶像，每每崇拜地仰望，期待大姐张开手臂；视二姐为战友，每每警惕关注，或严阵以待，或伺机进攻。

但是，磬磬小小年纪已经知道捍卫姐姐。有一次，箫箫淘气，我很大声地训斥箫箫，磬磬在旁语不成句地抗议。还扶着桌子绕到姐姐身边，靠在她身上。箫箫哭着用手臂把弟弟更紧地揽进怀里。磬磬就静静地乖乖地歪在那里。一幅姐弟情深，相依为命的温馨画面。再大一点儿，磬磬更加英雄救美。一次，箫箫从噩梦惊醒，跑到磬磬床边，磬磬拍着她的后背："有弟弟在，有弟弟在。"

孩子，一天天地长大。我的宝贝们。

宝贝，我们的"精神导师"

身为人母之前，总以为我们是孩子的守护神，我们是孩子的引领者，因为是我们去抚养他们，教育他们，呵护他们。可是，真正做母亲之后，却发现，我们曾经多么自负。

当我将初生的宝贝抱在怀里时，他们温暖的身体，心无挂碍地求生，让我感到已经忘却的平静和温暖。这种平静和温暖，是我们生命中已经成为奢侈的停顿。就在那一刻，就在那个当下，简简单单，纯纯粹粹享受生命的交流。生命本质中自然的爱在他的吸吮中苏醒、衍生；

宽容、感恩慢慢升起，身边的世界在这蒙蒙心雨中清晰、洁净。宝贝用他简单的存在给我们创造的瞬间，是每一个母亲回归自我的一个契机，这一刻的感悟，也许是一书架的哲学书也不能带来的真实体悟。

牙牙学语，姗姗前行，他们快乐地坚持，不放弃；一连串的为什么，他们不懈地求索，寻求真正的认同。还有，"白雪公主的爸爸呢？""狼来了的故事说明小孩只能撒两次谎"中不入陈规的思维；书面语的表达，自编自圆的事情经过，令人叹为观止的绘画用色，面对父母情感危机时的不动声色的行动……他们的智力，心智，意志，能力都是我们的楷模。

他们更演示给我们，一顿美妙的大餐的快乐远远不及在家里和妈妈一起准备的鸡蛋炒饭；一次豪华之旅，并不注定超过身边草坪上的逐球游戏。快乐原来是如此的简单，幸福原来是如此的轻易获得。当我们能够得到基本的生存满足后，做自己，享受爱，已经能够构成幸福。

汶川大地震，一位母亲，在埋葬爱子时，倾颂她的悼词：你曾经是我生命中的太阳，现在，你终于回到你的光芒中，变成阳光；你曾经是我生命中的空气，现在，你终于彻底自由，化成清风。我祝福你，我感谢你！在这些非常时刻，因为，孩子，让我们摆脱了对死亡的恐惧，升华生命；因为，孩子，让我们终于出神入化，获得不执的爱的体验。

母亲的角色，是一个自我成长的契机。在这个经历中，宝贝，是我们的精神导师。

感谢我心爱的宝贝们！感谢天下所有的宝贝！

第十一章

生命是一种凝视

我"成功"，并不是我没有苦难，而是我不接受苦难，我要跃过苦难，穿越失败，达成目的。所有的"成功"和幸运都是自己创造的，每个人都有机会，你有你的方式去幸运和"成功"，因为幸运和成功没有任何模式。但是，快乐的感受是相同的。快乐在自己身上，而且是"你的"快乐。快乐从来都是自己的，跟别人无关。走自己的路，寻找自己的幸福，不用比较，不可复制，不可剥夺。

　　有时候感慨，我们这个时代的人挺不容易的。生活太繁杂！物质世界的繁荣，让我们可以拥有很多附加享受，也平添了很多欲望和赘福；社会的飞速发展，让你无法躲开日日翻新的机会，本性中的求学上进将你推进现成的高标准严要求。不知不觉中，我们的生命容量呈现几何倍数的裂变，于是，生命中不可承受之"重"成了一个经典事实，于是，我们变得面目全非。

　　人的一生如何能够围绕自己的生存？人怎么能够去体验自己的生命，人又怎样可以达到成为自己？这是一个太抽象的问题，却又是一个最不能回避的问题。

　　我们的生活中是不是有一些"他姓"的欲望和标准让我们疲于应付？我们生活中是否有不健康的生活习惯让我们身心不堪受损？我们生活中是否有难以消化的人际关系，让我们情绪压抑？我们生活中是否有不认同的环境，让我们扭曲本性？

第十一章
生命是一种凝视

做人真的很难。我们喜欢自己的前提经常是别人喜欢你，满意自己的生活经常是别人对此的认可。这是个逻辑错误。让社会的考核体系决定自己，和让自己在社会考核体系中有所体现，完全是两个概念，但我们经常混淆。我们的生命总是围绕他人，因此我们会经常不自信，我们会患得患失，我们不能够随心所欲。我们彻底地被社会体系所操作，而这个社会又是如此千奇百怪，如此疯狂，怎么可以奢望它给予一个幸福和快乐的统一标准。于是，我们不快乐，我们不幸福。我们好像被带进了一个巨大的旋涡，不约而同地集体选择对自己做聋哑人。让那个"自己"被彻底忽视，遗落在遥远的身体深处。我们要把"自己"找出来，然后和它对话，有了它，我们就强大，就不再是躯壳，一个被社会控制的躯壳。

　　为什么大家都自然不自然地被裹在了社会考核体系中，因为它就在你的身边，如此表象，它所有给你印证的声音既响亮又具体。自我的生命认知体系是要靠自己一点点去发现、打造、完成，它要求你更独立，更深入，更本质，它要求你必须将感官收容，慢慢感受，带着清晰的认识，了解自己，建立和自己的联系，加强与自己的关系。社会与我们每一个人都是有脉相连的。但，它的脉象有千千万万。每一个人都有与社会有特定的脉络。根植于自己的生命认知体系，找出自己与社会的真正关系，那些和你真正相连的，才是你真正需要付出和追求的，所有出现在你的身边但实质上和你没有连接的那些东西就应该被你选择放弃，自然而然地从你生活淡出。

　　为一个专题，曾经邀请当代艺术家邱志杰进行宝石与艺术的跨界合作。相识不长，见面很少，却相识如友。他是少有的几个能够在沉重与轻松，深度与平实之间自由穿梭的艺术家，并精于论道。我也很喜欢看他的文字，精短自性，更喜欢他的作品。他的作品总带着一种凌驾于时空的形而上的理念，展现出本性的求索与平静。交流对他来说，不仅仅发生在人文本体，而是存在于整个物化世界和精神世界。讨论构思时，邱志杰给我看了一张图，一张以宝石为核心的关系图。邱志杰告诉我，他的每一个艺术作品都会在创作前布一个关系网，关于宝石作品，列出来与宝石相关的时间、自然、星空、设计、工艺等，最后他再找他在作品中需要呈现的宝石含义和形式间的关系，不需要的关系元素全部涂抹掉。邱志杰的作品关系图给我启发很大。实际上，我们的生命就是这样一个关系图。随着我们生命的持续，它会因社会有无穷的放射和延伸，勾勒自己的生命关系图，在"我"的周围放上你最重视的元素，如事业、爱情，家庭，物欲，等等，明示每一个表象元素背后自己真正的愿望和目标，并延伸它们。你会发现，关系网里"我"的核心最近的概念，可能是最表面的，而关系网上最远端的概念才是所有行为中最本质的东西，事物的本质如此会被还原出来。

　　接触瑜伽时间长了，也会涉及终极真理的论述。我觉得追求终极真理的最大意义是帮助我们还原。人对自己的认识离本质越近越不容易被困扰，就是所谓的放或者剥离。毕加索说，"雕塑早就存在于石头里了，雕刻家只不过把多余的地方剥离，像剥笋一样。创造，其实是在发现，在还原。"我们的人生也一样。犹如宝石，一块石头，把外面的那些东西剥掉，还原成一块玉。也许，我们这一生走过来就是为了还原我们自己，所谓历练和修为，努力和成功不过是要把自己还原成一块玉。在还原的过程中，宝石需要被雕琢，被抛光，被切割。正如邱志杰所说："一颗钻石找到它理想的切割，光芒才会折射到人们的眼里，这里边有它自己的优势，还需要你去发现它，去看出它的与众不同，这是一部分的思考。切割它，抛光它，都是一种凝视，只是要用手去强化这种凝视。"我们生命中的选择，无论是生活还是事业，都是这个切割和抛光的过程，而凝视正是我们对自我的关注和探究。每一个生命都是一个创作，必须有凝视相辅左右，才能让生命绽放光彩。

我们随着生长披挂了很多东西，财富、贫穷、成功、失败、爱情、友谊、背叛、野心、嫉妒、欲望、骄傲、虚荣、贪婪、磨难……如果我们任其攀缘，我们就将被其覆盖，如果我们的自我意识可以将所有感知，所有的外部世界变成雕刻的工具，它们就变成锋利的刀尖，在我们的凝视下，在我们的醒觉力的指挥下，一点一点移动，一点点还原。失败与磨难是这个角色，财富与成功更是这个角色。它们的使命就是来切割和抛光的。但是，如果没有自我意识，没有这种剥离意识，没有还原的追求，最后就会变成一颗特大的陨石，财富和成功也将成为最大的负累。

勾勒自己的生命关系图就是一个凝视生命的过程。

我的生命关系图

我有一幅生命关系图。在这个图中，我将日常中最贴身的生活列在"我"字周围，再让它们放射出去：事业、友谊、爱情、家庭、物欲、享受、修行等。每一个放射线上，一节节列满了相关的诉求与欲望，相辅相成递进下去，每一个射线的终端就是在这些生活的背后，我的最大愿望和追求。

在这个关系图中，我清晰地看到事业线上，在悠季瑜伽中，我的实质性的诉求和愿望，它不是一个纯粹的名与利的诉求，而是我生命成长至关重要的阶梯与辅助。它具有帮助自我潜能地开发学习价值。在这个事业里，我追求的名是一个有价值的人，一个有影响力的人，利是保证企业生存的稳固实力以搭建更大的平台实现分享和影响力的企业价值。在这个平台上，我追求的自我价值体现的是分享、成长，人生的高度直至自由的感受。悠季瑜伽对于我的意义还在于它是我的修行平台，帮助我自我成长；家庭是这个关系图中的第二大列。关系图中，扮演母亲、女儿、爱人的角色就是一个享受情感，学习责任的过程，一个在亲密互动中成长的过程，一个分享自己的人生观和理念的过程。抚育孩子，就是一个最大的艺术创作过程。所谓的物欲，在关系图中也很明了：舒适安全的生活及履行责任所需的财富积累，足矣。我不会为此穷尽心机。对我而言，真正的财富，正如同艾扬格大师所言："道德品格、诚实、正直、真挚是我的财富，智慧是最佳财富。我将去寻求那些不会失去的财富，这就是对自由、至福和仁善的体验。这就是包括金钱在内的所有财富中最伟大的财富。"友情与爱情，仍然是我生命中重要元素。因为，在我的生命中，友谊与爱情一向是我的灵感和生活的亮点。在这里，我享受分享和启发，享受被认同，享受自由舒畅，享受激情下生命体的焕发。而人生的最大享受与我，是天伦之乐，是不断创作，是自我求索，最终自由自在。修行在我的生命关系图中已经明确。以此，拥有一个更开阔的视野，一个宇宙观，帮助自己消除障碍，享受当下，由快乐、平静直至完全的自由。

生活中，我们很容易被荣誉感，虚荣心，财富和欲望绑架。我们明明知道所谓的享受就是一场别人叫好、自己辛苦的戏，但是我们依恋这个舞台难以放弃。所谓的放，是剥离，它比穿戴更加痛苦，因为与你已经筋骨相连。怎样判断我们是否放下？如何拨开现实的眼障，去接近真实。在后来剥离的痛苦中，我慢慢明白，所有的付出，所有的取舍如果为自我的大目标服务，它就不会是一个致命的剥离。勾勒关系图的过程，也是对自己的欲望与愿望扫描的过程，当每一个放射线的端点都回落到自由，超然，自然神在，我知道，那就是我的生命所求，那就是我追求的人格，那就是我一切努力的最终目标和意义。而每一条线递进的结点都将成为我擦拭生活中多余线条的依据，因为那些才是我的所有行为及付出需要服务的目标集成。

我们在生活中的取舍参照系，应该是我们自己的生命关系图，而不是社会参照系。具体的事业形式都是可以虚化的，生命关系图上清晰的目标阶梯是根本。因为重要的不是事业的物质形式给予了我们什么，而是我们在与它相处时的成长。就像我们的身体分为骨骼肌肉和精微能量层面一样。工作本身是骨骼肌肉，将我们的关系与之调整和谐，便可获得精微层面的收获：智慧与成长。八年前，我将不快乐归结为《ELLE》工作中的波折，辞职离开。今天，我不会再认为一个平台会决定我的快乐与成长，在平台和成长之路上没有条件式的关系，因为，所有平台都会以它的方式磨炼我们，提携我们。

事　业

在悠季瑜伽的平台上，我受到非常大的磨炼。这是一个面对、自省、成长，再面对、再自省、再成长的循序递进的过程。我会经常遇到同样的情绪，同样的行为在经过自省修正后仍然以他原有的面貌在某一时候又出现，因为有些障碍在自己身上是如此的根深蒂固，根本无法一次性清除。这样的反复让我明白，清障没有一劳永逸的。每一次的反复都是一次进步，需要我们坚定的决心，持续的自省，不放弃的努力。就像在习练单腿前屈体式时，在老师或书本的帮助下，我们了解到体式要领和终极体式标准，意识层面到了，但是我们仍然无法达到。因为，长期的不良习惯已经在身体中制作了如此强的惰性和僵硬。于是带着正确的意识，我们接近它。记住腹部保持贴近大腿根，髋部摆正，背部挺直，然后配合着每一次的呼气，将头部向脚部接近。有时，我们懈怠，背部拱起，有时我们急于求成，头竟先落下，这个不舒畅的状态都告诉我们是伪终极体式。然后，我们再纠正，再回到前面的起点，步步接近。每一次的努力都让我们获得一个新的起点，每一次调整都为我们的下一次努力扫除着障碍。成长和体式习练过程是一样的。当错误行为以越来越低的频率出现，自省意识以越来越高的频率出现，我们就是进步。修行是以无数的点炼成的一条成长之路。

　　悠季瑜伽和我之间有太多的关系，它在我的生命关系图中扮演了一个积极角色，也深入地影响着我和自己的关系。如果悠季瑜伽的发展影响了我生命中最重要的元素，让我丧失了自己坚持的生活方式和事业原则，或者让我彻底对自己失控及对立，挑战了我的存在价值和自由，即使它有令人鼓舞的财务报表，或者令人咋舌的商业操作，这个企业仍然是最大的败笔。做企业首先是给自己做的，其次是给自己的受众做的，再则是给团队做的，最后才是给社会做。损害自己的利益来满足受众或团队，这种满足不是长久的满足。为了自己的利益让受众或团队受损最后肯定是失败的；企业是否健康稳定，有一个风向标，那就是你自己本身的状态是否稳定。如果你忧心忡忡，那么企业肯定出现了严重的问题；如果你雄心勃勃希望把企业带到什么地方，说明企业本身具有这种潜力。我不会允许悠季瑜伽庸庸碌碌，因为这不是我；我也绝不会让企业被某种欲望驱使，像个脱缰的野马，因为我不会允许生活失控，那是某种意义上自由的丧失。企业的所有行为需要尊重自己与自己的稳定关系，这时候做企业才不偏失自己。设计企业的发展，要以建立好自己和自己的关系为前提。真实地面对自己，同样真实地面对企业。所有的发展战略都是在掌门人的定位下去进一步部署。不管是大企业还是小企业，首先要保障自我，建立和自我关系的平衡，然后是建立自我和团队的平衡关系，由此衍生出建立团队和企业的平衡关系，众所周知的企业文化实际上就是建立这个关系，这个关系会保障企业的发展，更会调节和优化企业运作时面临的很多不平衡的关系。企业的进一步发展注定要走进社会关系的。我们的财富和成功都是一个我们和社会之间的关系。财富和成功越显要，这个关系就越强大。真正的企业从来都不是属于个人，而是属于社会。所以企业做到一定程度要考虑为社会做什么，这不是回馈，是归属，这样你跟外在的关系就和谐了。很多东西我们自己是承受不起的，包括财富。

　　自己和自己的关系，自己和企业的关系，企业和社会的关系，是一个循环。关系顺畅，这个循环会在一个很正向的方向去旋转，企业就会按照自身的追求发展，呈现螺旋式的上升。

　　当初从《ELLE》辞职，有一个最主要的感受促使我下定决心，那就是我知道自己是一个持续努力的人，我不会允许自己的任何懈怠。但是，当时，我感到我已经与我当初做事业的愿望大相径庭，我的努力和我的快乐和幸福已经形成了巨大的剪刀差，似乎走在一条不归路上，我不敢再前行，因为，我害怕我的继续付出是给自己的一记记重击。所以，我选择停下来，清晰自己是谁，生命的目标，以再次准确上路。创业是一个更加艰辛的过程，要求更多的努力和付出。这一次，我更加提醒自己不要再次落入剪刀差的陷阱。如何让自己的付出与自己的生命愿望达成在同一个平行线上，我时刻保持清醒的意识，牢记事业在我的生命中的角色和使命。生命关系图是我为自己建立的保障机制。它一直在我的凝视下，在不断地反省和审视中，我确认所有的付出是在尊重自己和自己的关系。这样的付出虽然很辛苦，但不会是无功之劳，我知道，每一分辛苦都在为我的未来贡献。这是一种享受。因为，"值得"这句话是一直在心里的。

爱　情

爱情一直在我的生命中分量很重。30岁之前，我的生命是由爱情，看世界，读书组成的。从中学的"山楂树下"，到北大校园的"青春万岁"，再到电影学院的"将爱情进行到底"，直至法国的"一个男人和一个女人"，我体验着青春的躁动，柏拉图式的刻骨铭心，爱情的柔情蜜意，分离的藕断丝连，沉醉在"剪不断，理还乱，别有一番滋味在心间"的情绪里……我喜欢爱女人的男人，他看你的眼神，他对你发自内心的表白，他对你充满温柔的渴望。我爱男人，我喜欢看到他们在事业中的意气风发，在生活中的天真阳光，在欲望中的意乱情迷。与轰轰烈烈的宣言相比，我更喜欢男人与女人之间的暗流涌动，若即若离，在心中激发着强烈的张力，加持着你。男女之间的关系从来就是一个自然的感应关系，没有征服，没有较量，没有对峙，没有输赢。爱恋对我来说是一种精神享受，其自我享受的幸福远远大于爱恋本身的社会意义。我很享受陷入爱河的那种感受，激情，温柔，思念，孤独，沮丧，痛苦，爱让我们的生命多姿多彩。坠入爱河，思念一个人远远比有一个男友这个形式更加重要。跟一个人的情感纠葛只是生活中的一件事，坠入爱河却是生命的一个真实体验。爱与婚姻不是 A 到 B 的逻辑方程式，爱是一种更高层次的追求和情感享受，两性关系和婚姻形式或许都可以消逝，唯一必须延续的是你的爱，被更新的爱。我总感激那个帮助我完成这种精神享受的人，所以每个爱情无论以怎样的方式结束，我都心怀感激。

在我持续的爱情故事中，每一次的接受与放下都是自己对当下生命形式的一个选择，身边有很多情缘最终以各种形式终结，相守的，错过的，消失的；他们成为我的爱人，我的世交，我的"家人"，我的友人。男人，无论他们以什么形式，无怨无悔还是负心绝情，他们都是来帮助女人成长的。正是他们珍贵的友谊和激情，激发我，温暖我，让我成为今天的自己。

我不姑息任何一段情缘。无论是以什么方式开始，持续，结束。茫茫人海，要有多大的缘分才能相遇、相知、相爱。我持续地认为男女的情感是没有一条黑白鲜明的线去划分的，而正是那些暧昧，让彼此的交流更加广义、深入、会意。中学，北大，电影学院，巴黎，印度，从初恋的青涩，青春时代的爱情至上，到后来的亦亲亦情，那些久远的爱，一路串起来，像七色彩虹，让我的生活充满美好，也在我的生活的每一个重要时刻留下印记，影响着我的人生路径。某种意义上，爱，造就了我。今天，久远的爱早已随着时间化为友情，带着无私和关怀，环绕着我。

在每一个爱的关系中，我从完全的依赖，到反复矫正自我中心，再到完全的独立人格，终于明白生命中的缘分都是一个个的抛物线，只为相遇时碰撞各自的火花，然后仍会各自垂落，回到属于它的中心。爱情于我们的每一个生命而言，只有获得，没有失去。而友谊，则是一个可以在缠绕中并行，你中有我，我中有你。

爱情关系中，我们很容易有一种想拥有对方的心态，无论是身体、财富、精神。拥有之外，还追求"改变"对方，让对方能够嵌入自己的所有理想需求。太贪婪，太霸道。爱情中我们仍然是一个你，一个他，两个人，本源上赤条条来，赤条条去，所有的相会与分离，都是必然规律。每个人都有自己存在的原因和权力，相会不是为了改变和逢迎，而是一段姻缘契合。一生一世，不变的是我们属于自己这个事实。孩子都不属于我们，爱人更不属于我们。相爱实质上更是分享的关系。爱，不施加百分之百的独占，不要求百分之百的回应。因为即使是情与爱，情，胜不过舐犊之情；爱，胜不过我们心中更神圣的精神殿堂。

今天的爱情观已经远远不是青春时期的生命根本，至高无上，独享其尊。对我而言，只有一种情感高于所有的人类情感，那就是精神上对真理的追求。现在，面对爱情，亲情，友情，我以一种平等心看待。它们都是人类情感中的一种，只是关注点和互动方式不同，爱也只是其中的一种关注和互动方式。任何名义下的相遇相交都是一种缘分。今天的爱人，前世就是路人，今天的路人可能来生也是你的爱人。我在情感上把很多的界限抹掉了。把框打破了，就有了更大的空间。我和这些情感在一起，享受它，但不被它们所束缚。

至于婚姻，今天再看待它，我更是把它看成是在一种情感纽带和责任下的相处。婚姻是一种接受和交流。通过它，我们学会尊重，宽容，谦逊，学会识大体，放弃个性中影响和谐的成分，学会理解对方的价值，并将这种理解延续到家庭之外的社会。在接受他人的存在方式，理解他人的想法和情绪的过程中，拓宽思维的广度，增强心智。并将这种广度和心智延续到物质之外的社会。所以说，婚姻的最大功能不是延续后代，而是修身养性，仁爱社会。

和自己建立良好关系

快乐是什么？在我看来，快乐就是从容地做自己，不为人悲而悲，不为人喜而喜。人生如戏，快乐恰恰就是自己的舞台，自编自导和自演。做自己，首先要知己，然后和自己建立良好的关系。

和自己建立关系，同我们跟别人建立关系是一个概念，只不过我们习惯于跟别人和社会建立关系，而常常忽略自己。我们习惯性地认为我们的索求都是外界提供的，总觉得是跟外界建立了一个关系后，就能愿望达成。但是，就幸福而言，真的幸福在于你是否跟自己建立良好的关系。你幸福的时候一定是自己和自己的关系特别好的时候。2003 年的印度之行，我之所以自在喜悦，因为通过瑜伽，我自己的身体和心灵调整到很畅通的状态。多年的"忘我"拼搏后，我终于和自己在一起了。

建立与自己良好的关系的第一步是学会与我们的身心相处。在成长的过程中，在社会化的过程中，我们第一个背叛的就是我们的身体。我们追求成功，追求金钱的过程也恰恰是一个身体被异化的过程。在我的经历中，曾经追求社会参数时，越来越光耀，越来越被人们认可，越来越有所谓的社会价值，但是在这个过程中，自己这个最自然的参数，不断地跳出来抗议。身体出现了诸多不适，心情也被很多负面情绪缠绕。当时决定离开光耀的岗位，最大的想法就是回到大学校园里的自己，回归那个自然的、身心愉悦的尹岩，阳光、积极、充满创造力，还有梦想。做一份喜欢的工作比做一个喜欢的人要容易得多。当我知道自己再也不是我喜欢做的那个人的时候，我悬崖勒马了。这个停止表面是一个放弃，但这个放弃正是为了另一个不放弃。不放弃自己珍爱的生命！

这个世界上，最大的暴力就是我们童年时所接受的教育，不管是中国文明还是西方文明，我们无可选择地被嵌到了一个又一个的框子里，在这个轨迹中求生。我们可以追求社会化的成功，但是我们还需要随时停下来问一问自己，这是不是我要的？这个功课，教育中没有要求做；工作中没有要求做；我们自己也很少自觉做。我们总觉得对外求成功是一种勤奋，好像为自己就是一种懈怠甚至懒惰。其实人对内也需要勤奋，这真的更不容易！向内关注比向外求索难得多，你必须自省能力极强，与自己建立关系就是修身养性，也是一个铁杵磨成针的过程。

悠季瑜伽运营的工作量是以前主编时期的 20 倍，我的修身完全是在一个规律性作息下保障的。

黎明时分，是我一天中最纯粹的自我时刻。没有电话，没有会议，没有访问。一盏灯，低低的音乐，窗外，漆黑的天空，只有寥寥的灯光或星星。在花园里练习完瑜伽，然后打开电脑，随着晨曦初起，有条不紊地工作。从 2004 年开始了早起的生活，沐浴、冥想、瑜伽、写作，独享了 8 年的清晨时光，我的自然体被晨光淬炼的自然、平和。

我眼中的早晨是一天中最美的时刻。天空由深青变成淡青色，然后东方被金黄色慢慢晕染。远处，这个城市的剪影在暗色中慢慢凸显出来；近处，麻雀喜鹊活跃着，空中飘着几尾风筝，有很多遛早的人、鸟、兽，让早晨显得特别有生机。这种色彩的更迭与晨间的气息转换，与身体苏醒的频率呼应，让人从早起便充盈着宁静而积极的能量。

早起对生活的影响很大。这是自然留给你的空间，你可以享受这份百分百的独处。如果一个上班族八点起床，沐浴化妆穿戴，再如果是母亲，这样开始的一天已经失去了从容和平静。生活中给自己的第一分钟，应该是清晨。在每一个清晨，给自己留出一个小时，它将改变你的每一天。我是一个只需要 5 小时睡眠的人。每天清晨 5 点起来，6 点半家里才有人声。在这个属于自己的 90 分钟里，我做瑜伽。晨练是修身的一个非常好的方式。我们从来没有意识到我们平时对自己的身体有多暴力，它沉睡时强制它亢奋，它饥饿时不理会它，或塞给它一堆垃圾。我们很少意识到自己的身体是需要尊重的。晨练是对自己身体的最大的尊重和问候。晨练有各种方式，我的方式是做瑜伽，有人练太极或者跑步。这是建立和自己关系的重要环节。

体式习练需要关注与身体的沟通和平衡，清晨的习练，不仅可以唤醒身体，还可以化解一些肩颈、腰部的疲劳，同时，持续地发现身体的极限，一点点接近它，突破它，这是一个和身体沟通的过程，非常享受。呼吸控制法是高度集中在自己的一呼一吸中。我晨练中经常会做清晰经络呼吸控制法。每天只做30轮，把自己带入一种很专注的状态，再睁开眼睛的时候，眼前的颜色都是不一样的，草更绿，天更蓝，就像给身体内部清洁了一番。

无论是做体式、呼吸控制法，还是静静地坐在花园里，都是静默的时间。静默是脱离日常生活获得一个高度的机会，我们要规律性的给自己一个静默的时间，旁边不要有孩子老公朋友，一个月，一个星期，或一个上午。这个时间只给自己。无论是在阳台对着一盆绿植，还是自己骑车出去，找一个山坡坐下，周围不要有干扰，也不要说话，就自己。你会发现身体会给你很多启发。

每个清晨是我灵光乍现最多的时候，很多重要的决策、提案，包括主编时的卷首语都是早上完成的。前一天发生的事情，也许在睡前没有得到纾解和处理，但是在晨起瑜伽的过程中，获得新的平衡之后，面对问题时的反应也会比较客观准确，看待旧问题也会拥有新的灵感和视角。一些苦思冥想的事情往往也在这个时刻获得突破。而当孩子们睡眼惺忪地走到我跟前，把热热的身体缩进你的怀里时，宁静的清晨转入天伦之乐的喧嚣，我充满爱和温暖地迎接这些宝贝们，陪伴他们早餐，穿衣，上学。带着欢欣，开始新的一天。

修身，关注自己的自然体之后，我们跟大自然的连接就不会浮于形式了。我们每一个人都是宇宙中极其微弱的个体。当我们的自然体是健康并富有生命力的时候，与宇宙的大自然体连接时，我们就能吸取精华，受益颇多。在印度获得的启示，并不是因为我有多么高的悟性，只是因为我把自己的自然体唤醒了，于是我就能接受到大自然体的信息。古人常说"顺势而为"，你得能感受到这个势才能顺势，这个势就是大自然的规律，人作为个体在整个的大势中走起来是很顺的，但人如果在很蒙蔽的状态下，就感受不到这个势，从而无法借力。从时尚界转身投入瑜伽领域，外人认为我是某种出世。其实坦白讲，悠季瑜伽就是一个企业，瑜伽之外我是一个创业者，创业者经历过的所有问题所有压力我都在经历。但是在创业的过程中我并没有疲惫不堪。每当遇到问题，我追求顺势而行。不在"势"上，越做越糟，还不如先搁置起来，在"势"上，全力以赴，成效多多。所以修自己对成功特别重要，你真的把自己修好了，你就会获得很大的天助。

修身之外，在与自己建立关系的路上，还需要追求高度，获得智慧。

我们看到的东西，往往觉得价值很大。我们看不到的东西，便容易忽略。其实这种看不到的东西，可能才是对我们最有益的，如同细胞与健康的关系。我们看不到幸福指数，经常看到的是各种成功指数或财富指数，但我们真真享受的是幸福感受。我们周围所有的参考和评估系统都是身外之物，我们其实都是陷在各种各样的局里。当我们感觉到纠结不快乐的时候，有没有智慧和能力去了解和摆脱？通过习练瑜伽我醒悟到，我们自我的造就力有多强，我们完全可以自我救赎。

　　人必须要有一种精神追求，人的生命需要多思索一些，多一点点宇宙观，在生活中把自己拔高一点点，就可以脱离世俗涅槃。我常在想，当我们看蚂蚁搬家时，我们悠闲自在，但此刻蚂蚁的世界一定是紧张而充满挑战的。我们悠然，因为我们在更大的一个时空里。当人类从宇宙飞船中眺望地球，它也是宇宙中的一点点，连我们的山川都消失殆尽，更不要提人类的身影，更不要提身影中的人事纷争。我们的压力与烦恼，都是因为我们在太有限的时空里生存、思考。我们的心太小。日本人有"家窄心宽"的居住观，意思是说虽然处在狭窄的空间里，但心中一样能够拥有辽阔无垠的宇宙。园林，感恩，都是一种外在表现形式。心宽，是因为你的世界大了，你的心就宽了。尝试脱离这个有限的时空，让自己回归生命的宇宙状态，人生和宇宙一样，形式之下，归根结底是一个个原子。过去，现在，将来都是转瞬即逝。又有什么可滞留，可恐惧，可牵挂的？接受当下，活在当下，是最好的解除压力的办法。烦恼跟快乐一样，远处看都是一团团迷雾，风起云涌，真正走近时，全是空的。有任何烦恼时，看看第一这件事是否有意义，无意义的事情叫干扰，生活中有太多这类层面的烦恼了，把它剥离开。再看看跟自己有多大关系，是不是有必然的因果关系，如果确实有因果关系，坦白讲，因都是在自己身上，从自己身上多找问题，不要把问题归结给别人，你的果自然会被改善。

勾画自己的生命关系图，建立和自己的关系，不遗余力地面对自己，看清楚自己要什么，按照自己的心去努力、计划、组织、付出，这样你所有的努力才是真的为了你自己。那时候在生命里应该就不存在成功者和失败者了，我得自在。这种享受是你自己像拥有造血功能一样去创造的，这叫真正的享受，真正的安全。

我本人的经历中有一堆文凭一堆知识陪伴，但知识不等于智慧，知识是术，智慧是道。知识如果能在我们的路径上发挥作用，必须拥有自己的道，像火车头一样带着知识。知识可以通过读书和经验中学到，但道的智慧必须是通过哲学类的书，经过自己的修行和反思才能获得。道就是自我修行，让所有的术都能用于完善自己美好的生命，再由个体延展到社会。

自我修行上，瑜伽是一个非常好的选择。习练瑜伽，学习瑜伽的过程中，从身体到能量体的改善直至平衡延伸到思维方式和智慧的层面，瑜伽从有形到无形，从自己的身体开始，善待自己，让自我与自我有更好的关系，让自我与周边有更好的连结，在这个过程中获得自我提升。

常常有人说我幸运，没有经历苦难，"成功"比别人容易，其实，我也完全可能不幸运，完全可能经历苦难，完全可能不"成功"，我一路走来并不是偶然使然。并不是某些人天生注定就成功或者经历困难，他们之所以"成功"或者幸运，一定是有些他（她）做到的，你没做到。如果没有在每个阶段调整自己，奋发图强，我今天可能是一个情感失落，自我价值贬值的郁郁寡欢者。其间的奋斗，反思、

2003 年，与默瀚在日坛悠季瑜伽会馆钟楼内。

创业，从追求事业价值到追求生命价值，一路阳光下是伴随着险滩。我"成功"，并不是我没有苦难，是我不接受苦难，我要跳跃苦难，穿越失败，目的达成。所有的"成功"和幸运都是自己创造的，每个人都有机会，你有你的方式去幸运和成功，因为幸运和成功没有任何模式。但是，快乐的感受是相同的。快乐在自己身上，而且是"你的"快乐，快乐从来都是自己的，跟别人无关。走自己的路，寻找自己的幸福，不用比较，不可复制，不可剥夺。快乐像水一样，无论在哪里，它的特质是不变的，每个人都有自己的生命之湖，流到你的湖里就是你那个模样的快乐。

我非常喜欢王菲的《云端》：

> 放任心思无限的飘载着我快乐妄想，
> 翻过重山掠过海洋我世界没有框框。
> ……
> 谁与我远远的漫步云端，在靠近太阳的地方住下，
> 能掩耳不听那俗事喧嚣，
> 要一种真正的自由自在，
> ……

经过这么多年的努力和经历，在反省和放下的过程中，我迈出的每一步都在接近自己要的目标，这种感觉很棒。我从来没有感觉到像今天这么自由。这种自由就是你知道你想做什么，你知道你在

做什么，你知道你能等待什么。年轻时候的自由是梦想，不苛求成真，这是一种虚的自由。今天的自由是一个条件式的自由，建立在一定的物质基础，认识基础上的自由。我会继续追求下去，追求生命中的绝对自由，那个无条件的自由。

如果你问我，你快乐吗？我很坦然地说，我快乐。

如果你问我，你幸福吗？我很明白地说，还没有。革命尚未成功，同志仍需努力。

艾扬格大师说：对我而言，自由意味着在自然之理与恒久不易之灵性之理之间通达无碍、和谐一如。当不和谐之心行渐次淡出，真正的极乐便会常驻在心。

后

记

放任心思，无限的飘，载着我快乐妄想；
翻过重山，掠过海洋，我世界没有框框。
……

漫步云端，
在靠近太阳的地方住下，
不染俗事喧嚣，
真正的自由自在！

2008 年，出版社向我约稿写传时，我感到匪夷所思。因为，太年轻，太普通。2010 年再次诚邀时，被说服。

我开始动笔。有很多要说吗？好像有。千头万绪。人生走到今天，40 余许，写回忆录太早，翻开记忆，却也有一波一波的往事浮上心头。每一个人都有故事。窥及每一个人的世界，各自都有自己的跌宕起伏。

我的呢？

有幸成为 60 年代生人，有幸与自己的祖国命运跌宕在一起，生命线的高音无一不与她连接，但生命的乐谱还是以它自己固有的规律发生。外界的助力，自我的求索与追寻，带着那永远潜底的柔软，永远绽放的激情，更有永远持衡的坚韧与不拔。

生命总的来说是什么呢？从一个胚胎在母亲的子宫里就是坚持。在这个最初的胚胎中已经注定了生命的所有基调。她不断地接受爱、依赖爱，同时，也回报着坚持下来的成就和自生不灭的存在。

而在这所有的坚持中，在世俗中所有求学、求生、求功、求名中，在我们的主观努力下，却也有另一个能量在注视着你，影响着你，赋予你重生。

2003 年，我已经收集了一撂无可厚非的功名，北大骄子，留法学者，传媒精英，等等。但，功成名就的我却迷失了。职场的忘我奋斗，情场的悉心呵护，似乎都只有外人看上去的肯定。晚上对镜自望，静止的脸上，线条是明确的、浅浅的悲哀。我知道在喧嚣的人声中，我的心不可阻止地在自闭。所有的机体在昼夜不停地消化着，消化着我的不适。成功已经在握，幸福却意外的遥不可及。我想知道我是谁，我想了解什么才是自己可称谓的幸福，我想找到接近幸福的一种方式。

在印度瑜伽之都瑞诗凯诗，我遇见瑜伽。

我仍然记得，在这个恒河边的圣镇，在简简单单的每日瑜伽习练中，我的能量之躯是如何一天天被唤醒；我的心目是如何被一道道阳光渐渐沐浴；我仍然记得那些突然而至的创作灵感给我带来的惊喜；那在太阳雨中回荡的和声唱诵激发的强烈感动。这些不需要推理的快乐，这些不需要经营和努力的享受，就在你的身躯简单有序的活动中，在你不知不觉，无所求地将自己交付给自然的生命，放下所有处心积虑的瞬间，翩然而至了。

一生中，某个冥冥时刻，让你陷入一场裂变；一生中，某个冥冥时刻，让你遭遇激情和感动；一生中，某个冥冥时刻，注定要校正你，回归本来的生命轨迹。2003 年的印度之行与我，便是这个冥冥时刻，它在时空中的无限延伸，让这一刻化成片片永恒，渗透在我后来的日复一日的生命中。

后来的时光，生命仍由一个个日常组成。在创业中，我遭遇了始料不及的艰辛，经历了从低谷攀援而上的过程。只是，在这一次的日常中，我有瑜伽带给我的生命观护航，我恪守着自己的生命追求，让成功与财富不再是自己的生命密码，让所有的生活核心内容仅仅成为一个辅助手段，帮助我，用每一个付出收获生命的成长；帮助我，在每一天去腐存真，还原生命。在这个过程中，我找到了空前的自由感受；在这个过程中，我终于明白，幸福不是一个远行，而是叶落归根。

从 2010 年夏天的应稿，到 2012 年初春的截稿，之间的黎明，我完全浸淫在以往的时光里，求真求实，与自己在一起，如同用镜头跟随着另一个自己。远景中，那个灿烂光斑中的白衣少女，带着追梦的跳跃，一步步向我走来，天真，渴望，伤感，沉静，直至用坚定的眼睛凝视着我。太多的场景，太多的思绪因这一次的回忆重新闪回到我的眼前。很多人与事，因为只愿意为自己珍存，我没有着墨；很多人与事我可以与他人分享，放在这本书里；很多人与事还在进程中悬念丛生，我避而不谈。生命中的每一步都构成了一个个的“明天”，万点成线延续至今，没有遗憾，却诸多感慨。而接踵而至的每一个“明天”，又会不断地更新今天文字中的人与事以及思想，从而继续延伸下去。也许，没有任何一个时间可以成为我们自传的结点，但回忆自己却是一个美好的过程。合上 15 万字的书稿，却难以和书中的自己告别。我选择书写自己的故事，将为爱执迷的那个自己暂时隐去，把人生"事业功课"的心路历程记述在这里。这里的文字，对我而言，也是一个女人的半生故事，她的生长，她的成长，也是我的借鉴。我欣慰地读到她在执着地追求接近自己的生命本质，我欢欣的感受在这条路上她持续收获的幸福和快乐。

感谢我亲爱的父母，感谢我宝贝的天使们，感谢我温暖的伴侣，是你们的爱给了我生命中最大的快乐；感谢每一个我深深爱过的人，与你们的激情共鸣让我一步步成为今天的女人；感谢我的恩师挚友，你们的智慧、友谊和支持是我生命中的珍宝；感谢我生命中结缘的所有朋友，在与你们的相遇相处中，我获得了持续成长。

感谢阿丁，与你的畅谈让我的回忆更加畅通和客观。感谢中国青年出版社，以足够的耐心和专业操作将这本书送到读者面前。

最后，衷心感谢每一位读者。想到这些文字成为白纸黑字，我非常忐忑。这是一个普通女人的普通故事，没有炫目的光辉和荣耀，希望这个阅读于你，是一个值得。

中青悠季瑜伽系列图书

通往瑜伽世界
改变生命能量
必读书单

悠季瑜伽创始人
前《ELLE 世界时装之苑》主编
尹岩女士　幸福推荐

《哈他之光》

- ■ [印] 斯瓦特玛拉玛 / 著
- ■ 吴烈兴 蔡孟梅 常虹 / 译
- ■ 定价：89.00

瑞将秋天精全译本！独家中英文三话对照，体会瑜伽之光！

本部典藏是哈他瑜伽重要的综合教科书，是每一个瑜伽习练者应该多学习的瑜伽典籍，不仅有利于健康体魄，开发人体每个精微层面的种性，更是可以唤醒我们觉知的能量。

《瑜伽体位法》

- ■ [印] 斯瓦米·库瓦拉亚南达 / 著
- ■ 常虹 / 译
- ■ 定价：49.00

从学习体位控制开始，在暗嚣的城市中，帮助灵魂得到净化！

依据控制泛为每一个想要通过修习瑜伽得到精神和提升的人提供一个合理的开端！通过不同的体位控制练习，体验生命的本真和纯净，达到瑜伽修习的至高境界！

《瑜伽呼吸控制法》

- ■ [印] 斯瓦米·库瓦拉亚南达 / 著
- ■ 蔡孟梅 / 译
- ■ 定价：49.00

一带认知呼吸的必修课！

每一个瑜伽练习者那不可忽略的瑜伽呼吸控制基础修习法则！

让我们自在一呼一吸之间深深地体味生命的至纯至净，在每一个循环中得到能量的提升，压力的释放，然后焕然一新，得到宁静，喜悦和智慧。

《疗愈场》

- ■ [美] 琳内·麦克塔格特 / 著
- ■ 蔡承志 / 译
- ■ 定价：39.00

一群来自世界各地的科学家告诉你，人类求知的能力远比我们了解的更深奥。

我们每天，每分钟都在创造这个世界，我们不仅可以疗愈自己，更可以疗愈世界。

《念力的秘密》

- ■ [美] 琳内·麦克塔格特 / 著
- ■ 梁永安 / 译
- ■ 定价：39.00

内在力量的全然释放！全球尖端实验室争相研究，探索人类世界的深层奥秘！

以世界知名大学的尖端试验为基础，揭示出整个宇宙是由一个浩瀚的量子能量场所互相连接。心思意念可以产生具体能量，如果善加利用，这种能量不仅可以改善个人生活，而且以改变世界。

《念力的秘密 II》

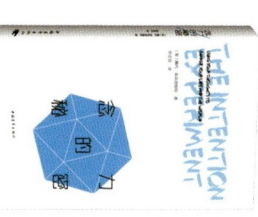

- ■ [美] 琳内·麦克塔格特 / 著
- ■ 王原贤 何秉修 / 译
- ■ 定价：49.00

只要一个动念，力量何其巨大！一个个科学实验，要你信服念念的无远弗届！

的我意念念相同，都是构建宇宙意识的一分子。科学证明人与人之间，人与宇宙之间奇妙的连结。

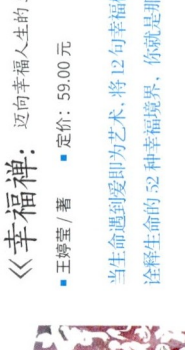

《我就是那》

- [印]室利·尼萨迦达塔·马哈拉吉/著 ■ 陶张欢/译
- 定价：99.00元

多位灵性作家倾情推荐！西方最杰出的灵性读物！

他是《当下的力量》作者艾克哈特·托利衷心推崇的证悟大师，当代开悟者尼萨迦达塔·马哈拉吉的精华开示。直接！单纯！究竟！

《我在》

- [印]室利·尼萨迦达塔·马哈拉吉/著 ■ 彭展/译
- 定价：59.00元

《我就是那》进阶版！找出"我在"的源头，真正的你在那里。

我们最需要给心he服用的是说把一切当真的心灵。当我们带着全然的信心服用"终极之药"时，会感受到生命能量的震撼，甚至是生命恩典的洗礼。

《走向静默，如你本来》

- [印]室利·拉玛那·马哈希/著 ■ 石宏/译
- 定价：69.00元 ■ [英]大卫·高德曼/编

究竟的真理十分简单，就是回到你本来的境地，如此而已，再说其他都是多余。为何智者常处静默中？静默，引领我们脱胎换骨，觅到真正的自己。

《幸福禅：迈向幸福人生的52堂必修课》

- 王婷莹/著 ■ 定价：59.00元

当生命遇到爱即为艺术，将12句幸福箴言转化为幸福禅，诠释生命的32种幸福觉察。你就是那个拥抱幸福的人！

《幸福的三个真相》

- [印]萨古鲁/著 ■ 吴佳 郭冰虹/译 ■ 定价：39.00元

瑜伽不是让你成为超人。瑜伽是让你意识到作为人是超级伟大的！

不要被这本书的简单所蒙蔽，除了概念、建议，奇闻和笑话，你还会感受到一位大师的气息。关于真相的气息。萨古鲁，他不单单能够教诲，更能转化人。

《无量之网》

- [美]格雷格·布雷登/著 ■ 胡茵/译 ■ 定价：40.00元

本书通过融合易懂的科学和生活中的真人真事，揭示了我们的观念皆来源于自己的信念。败坏、正是该改变的时候了！

我们到底有多大力量可以改变这个世界！留给一直在寻找答案的你！若能了解宇宙，了解我们的意识，分离便不复存在，我们就是奇迹本身！

《觉醒的百万富翁》

- [美]乔·维泰利/著 ■ 雅桐/译 ■ 定价：39.00元

认识财富，认识世界，我们每一个人都应该成为百万富翁！

物质与精神将完全给定的人生，既是我们灵魂的胜利，也是我们的使命，让我们顶吠尘·维泰利博士一起，踏上这趟奇迹之旅！

《开悟者眼中的生命真相》

- [美]杰德·麦肯纳/著
- 莫里斯/译
- 定价：39.00元

《爱的功课》

- 李思坤/著
- 定价：39.00元

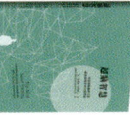

《活过来，你可以》

- 李雪柏/著
- 定价：38.20元

《寻找阿喀佩：爱是幸福的钥匙》

- 华林/著
- 定价：39.80元

《睡着也能瘦身：超越心灵瘦肥法》

- [美]乔伊·马许，罗伊·马许纳博士/著
- 定价：39.00元

《阿纳丝夏》

- [俄]弗拉迪米尔·米格烈/著
- 王文彪，李裕泰/译
- 定价：35.00元

《超脑智慧：全球顶级脑科学家教你如何开启大脑潜能》

- [美]詹姆斯·哈特博士/著
- 美国生物质能反馈技术研究所/译
- 定价：49.00元

全新上市

《菩提树下太阳雨：印度心灵之旅》

- 尹岩/著
- 定价：59.00元

本书是一本游记，也是作者的一部心灵随笔。主要讲述了作者很多年前的向往前往印度，以及此次旅行带给她的生命中的所思所想，在整个旅途中的所闻所感。

《女人是一场修炼》

- 尹岩/著
- 定价：59.00元

《女人是一场修炼》是悠季瑜伽创始人尹岩女士的一部自传。作者在书中用自己过往的人生经历陪伴所有女性，无论你的起点在哪里，你都可以通过自身的修炼和努力，由"原石"修炼成"钻石"。

即将上市

《两性共舞》

- [荷]帕梅拉·克里里/著 艾雨/译
- 定价：59.00元（暂定）

本书以女性和男性的你们为主题，作者恰当讲述自己的亲身经历，帮助我们清晰的认识心灵的自我探寻、平等内在你的两性能量，使我们的社交功能你更加了自己。更能够让自己认识他人。

《梦境》

- [美]杰德·麦肯纳/著 何一天/译
- 定价：59.00元（暂定）

作者杰德·麦肯纳通过一系列经典的小故事，形象地分析了梦境，巧合，想象力与自我意识之间的关系，引领读者探究梦境的正面能量，从而激发这种正面能量来激发自己内在的潜力。

《零极限疗愈日记》

■[美]玛贝尔·卡茨/著　■艾玹/译　■定价：30.00元

《最简单的方式》玛贝尔·卡茨又一力作！正确运用荷欧波波诺波法则的疗愈日记！

日记体的文字形式，让本书更简洁易懂，直截了当地传递了古老夏威夷疗法的神奇之处。

《零极限生活篇》

■[美]玛贝尔·卡茨/著　■吴品瑜/译　■定价：30.00元

夏威夷疗法的实际运用！为您揭开"零极限"在生活中的模样。

在这本书里，玛贝尔·卡茨运用荷欧波波诺波的原则为读者解答了各种生活中的实际问题，可以算得上一本《零极限》实践手册。

《富在工作》

■[美][伊贺列阿卡拉·修·蓝]/著
刘滌昭/译

[日]河合政实/著　■定价：29.00元

正宗零极限事业和解密篇。为你带来心灵、精神、身体的全方位的丰盛。

修·蓝博士带你寻找和创造的，是一份有生命的事业，它可以这与以往单纯追寻金钱物质财富的商业有很大差异，为你和他人的人生心中来美好的营运。

《荷欧波波诺波的幸福奇迹》

■[美][伊贺列阿卡拉·修·蓝]/著　■定价：29.00元
周海零/译

[日]樱庭雅文/著

见证荷欧波波诺波四句话的神奇力量。带你找回真正的幸福，自由与平静！

修·蓝博士继《富在工作》之后的又一力作，完整地揭示了夏威夷疗法的全貌，更加深入地解答对"荷欧波波诺波"的所有疑惑。

《零极限：创造健康、平静与财富的夏威夷疗法》

"我爱你""对不起""请原谅""谢谢你"这儿句话，包含了解决我们人类内外在冲突的所有资源。

随着我自己灵性成长进程的开展，我真的发现"忏悔"与"感恩"是这几句话，是何个眼重要的成长工具。所以，不要小看了这几句话，在读这本书的字里行间可以好好体会它们的深意，进而把它们落实在我们的生活中。

■[美]乔·维泰利
[美][伊贺列阿卡拉·修·蓝博士]/著
胡因/译
定价：（平装）30.00元/（精装）49.00元

（平装）（精装）

《新·零极限》

■[美]乔·维泰利/著　■彭展/译　■定价：33.00元

新增超值附录！

只有参加"荷欧波诺波诺"课程才学得到的奥秘！

《最简单的方式：〈零极限〉之实践篇》

■[美]玛贝尔·卡茨/著　■宋小颂/译　■定价：30.00元

夏威夷疗法第三代传人

为您倾情讲述《零极限》中没有说的秘密！